언리얼 엔진 4 게임 개발 에센셜

언리얼 엔진 4 게임 개발 에센셜

처음부터 시작하는 언리얼 엔진 4 개발

사티쉬 PV 지음 | 구진수 옮김

지은이 소개

사티쉬 PV ^{Satheesh PV}

인도 뭄바이에 거주하는 게임 프로그래머다. 언리얼 엔진 4의 공개 출시 이전에 에픽에서 클로즈 베타테스터 중 한 명으로 선발됐다. 2012년 형제 및 친구와 함께 언리얼 개발 킷을 사용한 1인칭 멀티플레이어 게임 개발을 시작으로 게임 개발 분야에 뛰어들었다. 또한 언리얼 엔진 3의 네이티브 스크립팅 언어 언리얼스크립트 ^{UnrealScript}를 위한 IDE인 언리얼 X-Editor를 개발했다. 언리얼 엔진 포럼의 사회자이자 스포트라이트 멤버며, 엔진 기여자다.

감사의 글

이 자리를 빌려 내게 재능을 주시고 내 영감의 근원인 멋진 가족과 함께할 수 있도록 해주신 신에게 감사를 올린다. 이 책을 쓰는 동안 나를 주목해주고 계속 지원해준 가족에게 고마움을 전한다. 이런 놀라운 엔진을 무료로 내놓은 에픽 게임즈에게도 감사한다. 당신들은 최고다!

내 피앙세 케일 퍼난데스에게 감사를 표한다. 그녀의 놀라운 지원과 건설적인 비판이 없었다면 이 책은 나오지 못했을 것이다.

또한 게임과 게임 테크놀로지의 세계로 나를 초대한 동생 라케시 PV에게도 감사한다. 게임에 대한 모든 것을 그에게서 배웠으므로, 나는 자랑스럽게 그가 내 첫 번째 멘토라고 말할 수 있다.

내 친구 알렌산더 파스챌(에픽 게임즈)과 찬스 이베이(에픽 게임즈), 그리고 나와 함께 첫 번째 게임을 만든 최고의 친구 레니 데브에게 깊이 감사하고 싶다.

또한 친한 친구이자 C++ 멘토인 나싼 아이어(라마)의 큰 도움에 대해 감사한다. 그는 자신의 놀라운 게시글과 C++ 예제를 통해 언리얼 커뮤니티에서 나를 비롯한 많은 사람들을 가르쳤다. 그는 친절하게 내가 저술한 C++ 장을 감수하고 실수를 지적해줬으며, 몇몇 기술적인 불일치를 없애기 위해 그의 소중한 시간을 들여 충분한 피드백을 줬다. 정말 고맙다. 라마! 그의 웹사이트 주소는 http://ue4code.com/이다.

마지막으로, 나를 미소짓게 한 그 모든 즐거운 순간들을 가져다줬던 바순드하라 데비와 루시 퍼난데스에게 감사한다. 어머니, 고맙습니다. 그리고 사랑합니다!

기술 감수자 소개

오머 샤피라^{Omer Shapira}

아티스트, 소프트웨어 개발자, 가상 현실 연구자다. 나이키, 구글, 마이크로소프트, 디즈니, 유니버설 픽처스, 삼성 등과 함께 게임 엔진 프로젝트를 수행했다. 그의 프로젝트와 협업^{collaboration} 결과물은 선댄스 페스티벌, 아틀란틱, 뉴욕 타임스, 가디언, 와이어드, 아다지^{Adage}, 아이빔에서 전시됐고 트리베카 필름 페스티벌, 아르스 일렉트로니카, 아트 디렉터즈 클럽, 웨비스로부터 상을 받았다.

현재 체험 디자인 스튜디오^{experiential design studio}인 페이크 러브에서 가상 현실과 게임 엔진을 책임지고 있다. 이전에는 개발자로서 프레임스토어, MYU 미디어 리서치 랩, MIT 미디어 랩에 몸담았고 채널 10에서 필름메이커와 VFX 아티스트로 일했다. 텔 아비브 대학에서 수학을, 뉴욕 대학교에서 인간-컴퓨터 상호작용을 전공했다.

그가 만든 4차원 비디오 게임 〈호라이즌〉(언리얼 엔진으로 작성됨)이 2017년 출시될 예정이며, 웹사이트(omershapira.com)에서 그에 대한 더 많은 내용을 확인할 수 있다.

> 게임 엔진을 작성하는 데 많은 도움을 준 켄 파린, 캐세이 무라토리, 조나단 블로우, 프레드 포드, 폴 리체 III에게 감사한다.
> 존경하는 부모님인 서야 마튜와 젠 스키퍼, 내 고양이 니츠에게 감사한다.

옮긴이 소개

구진수(paser2@gmail.com)

호서대학교 컴퓨터공학과를 졸업했다. 이후 일반 개발을 주로 하다가 게임 개발을 하고 싶어 게임 업계에 뛰어들었지만, 현재는 헤매고 있는 방랑자다. 게임 때문에 배운 영어로 어쩌다 보니 번역 작업까지 하게 됐다.

옮긴이의 말

안녕하세요. 이 책을 선택해주셔서 감사합니다.

게임 개발은 사실 매우 어렵고 고된 길입니다. 이미 겪어보신 분이라면 잘 아시겠죠. 그럼에도 불구하고 여전히 많은 게임이 만들어지고 있는 것은 게임에 대한 개발자의 사랑과 열정 덕분이라고 생각합니다.

게임 개발이라는 먼 길을 가는 방법은 여러 가지지만 그중에서 언리얼 엔진은 특히 좋은 선택입니다. 인디 업체부터 대형 업체까지 많은 게임 개발사에서 사용하고 있으며, 지원하는 플랫폼도 모바일부터 PC, 콘솔까지 다양하죠.

그렇지만 처음 언리얼을 접하는 분은 어떻게 시작해야 할지 막막할 것입니다. 저도 처음에는 그랬습니다. 그런 분들에게 이 책은 좋은 첫걸음이 될 것입니다. 따라 하기 쉽고 내용도 복잡하지 않아 처음 시작하기에 알맞습니다.

이 책은 언리얼 엔진의 구버전인 4.6~4.7을 기준으로 저술됐습니다. 따라서 2017년 3월 3일 기준으로 4.15까지 나온 현재 상황과 비교하면 버전 차이가 좀 있긴 합니다만, 엔진의 핵심적인 부분은 크게 바뀌지 않았기에 이 책으로 입문해도 큰 무리는 없습니다. 최신 버전에서 메뉴명 등이 바뀌는 경우가 있어 다소 헷갈릴 수 있는데, 4.7 버전으로 연습하고 나서 실제 개발을 원하는 버전으로 해보면 충분한 학습 효과를 얻을 수 있습니다.

이 책이 여러분의 첫걸음에 많은 도움이 되길 바랍니다.

차례

3장 머티리얼 59

들어가며

이 책은 언리얼 엔진을 사용해 비디오 게임을 만드는 데 관심 있는 사람을 가르치기 위해 저술됐다. 우선 언리얼 엔진이 무엇인지 살펴보고 어떻게 다운로드한 후 사용하는지 설명한다. 이후 머티리얼, 블루프린트, 마티네, UMG, C++ 등 언리얼 엔진에서 사용 가능한 도구들을 차례로 살펴본다.

이 책에서 다루는 내용

1장. 언리얼 엔진 4 소개 이 책의 여정이 시작하는 곳으로, 언리얼 엔진을 다운로드하는 방법을 소개하고 소스 버전과 런처 버전의 차이를 설명한다. 엔진 설치(소스 버전은 컴파일)가 완료된 후에는 언리얼 엔진의 사용자 인터페이스^{user interface}를 살펴본다. 또한 콘텐츠 브라우저, BSP의 기본을 설명하고 게임 내 스플래시 화면과 아이콘을 변경하는 방법도 다룬다.

2장. 애셋 임포트 엔진을 실행한 후에 언리얼 엔진으로 커스텀 FBX 애셋을 임포트하는 방법을 살펴본다. 콜리전^{collision}, 머티리얼^{material}, 디테일 레벨^{LOD, level of detail}에 대해서도 배운다.

3장. 머티리얼 머티리얼 에디터와 애셋의 셰이더^{shader}를 만드는 데 사용되는 몇몇 일반 노드를 다룬다. 머티리얼의 기본을 배운 후에는 노멀 맵의 밝기를 변경하는 머티리얼 함수 예제를 구현한다.

4장. 포스트 프로세스 앞 장의 머티리얼에 이어서 포스트 프로세싱을 다룬다. 기본 포스트 프로세스 설정을 오버라이딩하는 방법을 살펴본 후 포스트 프로세스 볼륨을 추가하는 법과 LUT라 불리는 간단하지만 강력한 기능을 배운다. 그러고 나서 포스트 프로세스와 함께 사용되며 사용자가 지정한 오브젝트를 월드에서 하이라이트하는 기능을 가진 특별한 머티리얼을 만들어본다.

5장. 라이트　이 책과 함께하는 여정의 중간 지점으로, 라이팅 시스템을 다룬다. 이를 위해 라이트를 배치하고 일반 세팅을 조절하는 등의 기본 내용부터 시작한다. 라이트매스^{Lightmass} 글로벌 일루미네이션 시스템과 라이트매스에서 사용될 애셋에 UV 채널을 준비하는 방법을 배우고, 마지막 부분에서 라이트매스 세팅과 라이트매스가 있는 씬을 빌드하는 방법을 살펴본다.

6장. 블루프린트　블루프린트가 무엇인지 설명하고, 엔진에서 사용 가능한 다양한 블루프린트를 소개한다. 블루프린트는 아티스트와 디자이너가 게임의 프로토타입을 빠르게 작성할 수 있도록 돕는(혹은 새로 만드는) 최고의 언리얼 엔진 툴이다. 여기서는 이벤트 그래프, 함수 그래프, 매크로 그래프 등과 같은 각기 다른 그래프 타입을 알아보고, 런타임 때 블루프린트를 동적으로 스폰하는 법도 살펴본다.

7장. 마티네　언리얼 엔진 4의 시네마틱^{cinematic} 부분을 살펴보고, 그와 관련된 도구인 마티네^{Matinee}를 다룬다. 이를 통해 마티네의 개념과 생성 방법을 배우고, UI와 친숙해지게 할 것이다. 기본 내용을 마치면 마티네에서 오브젝트를 어떻게 다루는지 설명하고, 블루프린트를 사용해 시작하는 아주 기본적인 컷신^{cutscene}의 제작 방법을 소개한다.

8장. 언리얼 모션 그래픽　플레이어의 체력을 보여주는 기본적인 HUD의 생성 방법을 배운다. 언리얼 모션 그래픽$^{UMG, Unreal Motion Graphics}$은 언리얼 엔진의 UI 저작 도구며 플레이어 HUD, 메인 메뉴, 일시 중지 메뉴 등을 만드는 데 사용된다. 월드에 배치하거나 액터^{actor} 클래스에 붙일 수 있는 3D 위젯을 만드는 방법도 살펴본다.

9장. 파티클　아주 강력한 툴인 캐스케이드 파티클 에디터를 살펴보고 파티클 시스템을 만들어본다. 우수한 비주얼 이펙트 없이는 좋은 게임을 만들 수 없기 때문이다. 그다음에는 간단한 블루프린트 스크립팅과 조합해서 랜덤하게 반짝이는 파티클을 만든다.

10장. 언리얼 C++ 소개   비주얼 스튜디오 2015 커뮤니티 에디션을 얻는 방법을 소개하고, 3인칭 템플릿 캐릭터 클래스를 다루면서 C++의 기본을 설명한다. 이어서 이 클래스를 확장해 체력과 체력 재생 시스템을 추가한다. 또한 변수와 함수를 블루프린트 에디터로 공개하는 법도 배운다.

11장. 프로젝트 패키징   이 책과 함께하는 여정을 마무리한다. 지금까지 작업한 모든 내용을 몇몇 팁과 함께 되돌아보고, 마지막으로 게임의 출시 버전을 만드는 방법을 살펴본다.

준비 사항

이 책을 위해 언리얼 엔진 4.9나 그 이상의 버전이 필요하다.

이 책의 대상 독자

이 책은 언리얼 엔진 4를 이용한 게임 개발에 관심 있는 사람들에게 알맞다. 게임 개발에 대한 열정이 있고 언리얼 엔진 4와 엔진 도구의 필수 요소에 대해 알고 싶다면, 이 책은 여러분의 관심과 노력을 이끌어낼 수 있다. 언리얼 엔진 4는 모바일과 콘솔을 아우르는 모든 플랫폼용 차세대 비디오 게임을 생성하는 다음 단계가 될 것이다.

편집 규약

이 책에서는 독자의 이해를 돕고자 다루는 정보에 따라 글꼴 스타일을 다르게 적용했다. 이러한 스타일의 예와 의미는 다음과 같다.

텍스트에서 코드 단어는 다음과 같이 표기한다. "액터 클래스의 `TakeDamage()` 함수를 오버라이딩한다."

코드 블록은 다음과 같이 표기한다.

```
void APACKT_CPPCharacter::RegenerateHealth()
{
  if (Health >= GetClass()->GetDefaultObject<ABaseCharacter>()>Health)
  {
    Health = GetClass()->GetDefaultObject<ABaseCharacter>()->Health;
  }
  else
  {
    Health += RegenerateAmount;
    FTimerHandle TimerHandle_ReRunRegenerateHealth;
    GetWorldTimerManager().SetTimer( TimerHandle_ ReRunRegenerateHealth,
    this, &APACKT_CPPCharacter::RegenerateHealth, RegenDelay );
  }
}
```

화면상에 표시되는 메뉴나 버튼은 다음과 같이 표기한다. "로그인했다면 Get Unreal Engine 아래의 큰 오렌지색 Download 버튼을 눌러서 런처를 다운로드할 수 있다."

 경고나 중요한 노트는 이와 같이 나타낸다.

 팁과 요령은 이와 같이 나타낸다.

독자 의견

독자로부터의 피드백은 항상 환영이다. 이 책에 대해 무엇이 좋았는지 또는 좋지 않았는지 소감을 알려주길 바란다. 독자 피드백은 독자에게 필요한 주제를 개발하는 데 매우 중요하다. 일반적인 피드백을 우리에게 보낼 때는 간단하게 feedback@packtpub.com으로 이메일을 보내면 되고, 메시지의 제목에 책 이름을 적으면 된다.

여러분이 전문 지식을 가진 주제가 있고, 책을 내거나 책을 만드는 데 기여하고 싶다면 www.packtpub.com/authors에서 저자 가이드를 참조하길 바란다.

고객 지원

팩트출판사의 구매자가 된 독자에게 도움이 되는 몇 가지를 제공하고자 한다.

예제 코드 다운로드

이 책에 사용된 예제 코드는 http://www.packtpub.com의 계정을 통해 다운로드할 수 있다. 다른 곳에서 구매한 경우에는 http://www.packtpub.com/support를 방문해 등록하면 파일을 이메일로 직접 받을 수 있다.

코드를 다운로드하려면 다음과 같이 한다.

1. 팩트출판사 웹사이트(http://www.packtpub.com)에서 이메일 주소와 암호를 이용해 로그인하거나 계정을 등록한다.

2. 맨 위에 있는 SUPPORT 탭으로 마우스 포인터를 이동한다.

3. Code Downloads & Errata 항목을 클릭한다.

4. Search 입력란에 책 이름을 입력한다.

5. 코드 파일을 다운로드하려는 책을 선택한다.

6. 드롭다운 메뉴에서 이 책을 구매한 위치를 선택한다.

7. Code Download 항목을 클릭한다.

파일을 다운로드한 후에는 다음과 같은 압축 프로그램을 이용해 파일의 압축을 해제한다.

- 윈도우: WinRAR, 7-Zip
- 맥: Zipeg, iZip, UnRarX
- 리눅스: 7-Zip, PeaZip

또한 에이콘출판사의 도서 정보 페이지인 http://www.acornpub.co.kr/book/unreal-4-essentials에서도 예제 코드를 다운로드할 수 있다.

컬러 이미지 다운로드

이 책에서 사용된 스크린샷/다이어그램의 컬러 이미지를 PDF 파일로 제공한다. 컬러 이미지는 출력 결과의 변화를 이해하는 데 큰 도움이 될 것이다. 에이콘출판사의 도서정보 페이지인 http://www.acornpub.co.kr/book/unreal-4-essentials에서 컬러 이미지를 다운로드할 수 있다.

정오표

내용을 정확하게 전달하기 위해 최선을 다했지만, 실수가 있을 수 있다. 팩트출판사의 도서에서 문장이든 코드든 간에 문제를 발견해서 알려준다면 매우 감사하게 생각할 것이다. 그런 참여를 통해 그 밖의 독자에게 도움을 주고, 다음 버전의 도서를 더 완성도 높게 만들 수 있다. 오탈자를 발견한다면 http://www.packtpub.com/submit-errata를 방문해 책을 선택하고, 구체적인 내용을 입력해주길 바란다. 보내준 오류 내용이 확인되면 웹사이트에 그 내용이 올라가거나 해당 서적의 정오표 부분에 그 내용이 추가될 것이다. http://www.packtpub.com/support에서 해당 도서명을 선택하면 기존 정오표를 확인할 수 있다. 한국어판은 에이콘출판사 도서정보 페이지 http://www.acornpub.co.kr/book/unreal-4-essentials에서 찾아볼 수 있다.

저작권 침해

인터넷에서의 저작권 침해는 모든 매체에서 벌어지고 있는 심각한 문제다. 팩트출판사에서는 저작권과 사용권 문제를 아주 심각하게 인식한다. 어떤 형태로든 팩트출판사 서적의 불법 복제물을 인터넷에서 발견한다면 적절한 조치를 취할 수 있도록 해당 주소나 사이트명을 알려주길 부탁한다.

의심되는 불법 복제물의 링크는 copyright@packtpub.com으로 보내주길 바란다. 저자와 더 좋은 책을 위한 팩트출판사의 노력을 배려하는 마음에 깊은 감사의 뜻을 전한다.

질문

이 책과 관련해 질문이 있다면 questions@packtpub.com으로 문의하길 바란다. 최선을 다해 질문에 답하겠다. 한국어판에 관한 질문은 이 책의 옮긴이나 에이콘출판사 편집 팀(editor@acornpub.co.kr)으로 문의해주길 바란다.

1

언리얼 엔진 4 소개

이 책의 여정에 함께하는 것을 환영한다. 1장에서는 언리얼 엔진의 소스 버전과 런처 버전을 다운로드하는 방법을 배운다. 그다음에는 언리얼 엔진 4의 UI와 콘텐츠 브라우저에 더 익숙해지도록 할 것이다.

언리얼 엔진 4 다운로드

언리얼 엔진 4는 완전히 무료로 다운로드해 사용할 수 있다(차후의 업데이트도 전부 포함). 따라서 모든 언리얼 엔진 도구, 무료 샘플 콘텐츠, 에디터와 도구의 전체 소스가 포함된 C++ 소스 코드를 얻을 수 있다. 튜토리얼과 서포트 리소스를 포함하고 있는 공식 문서에도 접근할 수 있으며, 수많은 무료 및 유료 콘텐츠를 제공하는 UE4 마켓플레이스에도 접속할 수 있다.

언리얼 엔진 4는 두 가지 다른 버전으로 다운로드할 수 있다. 하나는 바이너리 버전(런처)이고, 다른 하나는 소스 버전(깃허브)이다. 깃허브 버전과 런처 버전의 차이는 다음과 같다.

- 런처(바이너리) 버전: 에픽에 의해 컴파일됐고 런처를 통해 실행할 수 있다. 런처 버전의 모든 소스 파일(*.cpp)을 얻을 수는 있지만, 런처 버전이 솔루션 파일을 생성하지 않으므로 엔진을 수정할 수는 없다.
- 깃허브 버전: 바이너리 파일이 없으므로 스스로 엔진을 컴파일해야 한다. 전체 소스를 받을 수 있으며 언리얼 엔진의 어디든지 수정할 수 있다. 새로운 엔진 기능을 추가하거나 기존의 기능을 수정 혹은 삭제할 수도 있다. 깃허브에서 풀 요청^{Pull Request}을 할 수 있으며 에픽이 마음에 들어 한다면 그것을 정식 언리얼 엔진에 통합시킬 것이다.

이 가이드에서는 두 가지 버전을 다 보여줄 것이다.

런처 버전 다운로드

언리얼 엔진의 런처 버전을 다운로드하기 위해서는 런처가 필요하다. 런처를 받으려면 다음 과정을 수행하자.

1. 우선 https://www.unrealengine.com/에 로그인한다.

2. 로그인했다면 Get Unreal Engine 아래의 큰 오렌지색 Download 버튼을 눌러서 런처를 다운로드할 수 있다.

런처를 설치한 후 처음 실행한다면 자동으로 최신 버전의 언리얼 엔진 4를 다운로드할 것이다. 그렇지 않다면 Library 탭에 가서 Add Engine을 누르자. 새로운 엔진 슬롯이 생겨나며, 여기에서 엔진 버전을 선택한 후 설치할 수 있다.

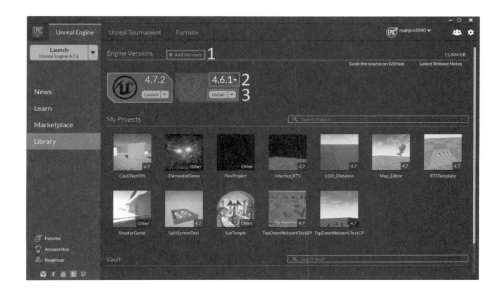

깃허브 버전 다운로드

언리얼 엔진 4의 소스를 받으려면 다음 과정을 수행하자.

1. 우선 깃허브 계정을 생성한다(무료다!).

2. 그다음에는 https://www.unrealengine.com/dashboard/settings로 가서 깃허브 계정을 업데이트한 후 Save 버튼을 누른다.

언리얼 엔진 저장소 포킹하기

언리얼 엔진 계정과 깃허브 계정을 연결했다면, 깃허브에 로그인한 후 언리얼 엔진 저장소로 가야 한다.

 깃허브 계정과 언리얼 엔진 계정이 제대로 연결됐는지 확인하자. 그렇지 않으면 언리얼 엔진 저장소에 접근할 수 없다.

저장소 페이지에 갔다면 다음과 같이 한다.

1. 페이지 상단 오른쪽의 Fork를 누른다.

2. 자신의 깃허브 저장소로 포킹forking하기 위해 사용자명을 선택한다.

3. 윈도우용 깃허브(윈도우를 사용 중이라면) 혹은 맥용 깃허브(맥을 사용 중이라면)를 다운로드하고 설치하자.

다운로드한 깃 클라이언트가 포크한 저장소를 복제(다운로드)하게 한 후에는 원하는 대로 언리얼 엔진을 수정하고 변경점을 풀 요청으로 올려 에픽이 변경점을 에디터에 통합할 수 있도록 하자.

포크된 저장소를 복제하려면 다음 단계를 수행한다.

1. 깃허브를 시작하고 로그인한다.

2. 깃허브 클라이언트 상단의 더하기(+) 모양을 누른다.

3. Clone 탭을 누르고 username을 선택한다(지금 언리얼 엔진을 볼 수 있어야 한다).

4. 이제 Clone Unreal Engine을 누르고, 언리얼 엔진 저장소가 저장될 폴더를 선택한다.

5. OK를 누른다.

6. 그럼 깃허브에서 하드디스크로 언리얼 엔진이 복제된 것을 볼 수 있다.

복제가 완료됐다면 그 위치로 이동해 Setup.bat 파일을 실행한다.

1. 파일을 실행하면 엔진 컴파일에 필요한 필수 파일들을 다운로드하고 설치할 것이다.

2. 파일이 2GB가 넘기 때문에 인터넷 속도에 따라 시간이 다소 걸릴 수 있다.

언리얼 엔진 컴파일

Setup.bat의 실행이 끝났다면, 비주얼 스튜디오 솔루션 파일을 만들기 위해 GenerateProjectFiles.bat을 실행한다. UE4.sln 파일을 열면, 이제 복제한 언리얼 엔진 4의 컴파일 준비가 끝났다. 그다음 Solution Explorer의 UE4를 마우스 우클릭하고 Build를 선택한다.

시스템 하드웨어에 따라 15분에서 1시간 정도가 소요된다. 그러므로 편안하게 앉아 커피 한 잔을 즐기면서 엔진 컴파일이 끝나길 기다리자.

언리얼 엔진과 친해지기

언리얼 엔진 컴파일이 끝났다면(혹은 런처 버전을 다운로드했다면) 본격적으로 시작할 시간이다.

- 커스텀 빌드 시작하기: 비주얼 스튜디오에서 F5를 눌러 엔진 디버깅을 시작하거나, 다운로드한 폴더로 이동한 후 Engine\Binaries\Win64 폴더에서 UE4Editor.exe를 실행한다.
- 런처 빌드 실행하기: Launch 버튼을 누르면 시작한다.

 컴파일한 직후에 처음으로 엔진을 실행하면 로딩이 길다고 느낄 수도 있다. 이는 언리얼 엔진이 플랫폼의 콘텐츠를 최적화하기 때문이다. 이 과정은 한 번만 수행한다.

시작 화면이 끝나면 언리얼 프로젝트 브라우저를 볼 수 있다. 다음 과정을 따라가자.

1. 새로운 프로젝트를 생성하기 위해 New Project 탭을 선택한다.

2. 이 책에서는 Blank Blueprint Project를 다룰 것이다. 그러므로 Blueprint 탭에서 Blank 프로젝트를 선택하자.

3. 프로젝트에서 원하는 플랫폼을 선택할 수 있다. 두 가지 플랫폼인 Desktop/Console, Mobile/Tablet을 선택 가능하다. 원하는 것을 선택하자. 두 번째 세팅은 플랫폼에 대한 그래픽 설정을 결정한다. 만약 Desktop/Console을 선택했다면 Maximum Quality를 선택하는 편이 좋다. Mobile/Tablet을 선택했다면 저사양 GPU를 위한 scalable 3D or 2D를 선택하자. 마지막 세 번째 옵션은 몇몇 기본적인 메시, 머티리얼, 텍스처가 들어있는 에픽의 Starter Content를 포함시킬지 여부다. Starter Content를 포함하지 않고 최소한의 필수 요소만 프로젝트가 가지고 있게 할 수도 있다.

4. 플랫폼으로 Mobile/Tablet을 선택했다면 Starter Content를 포함하는 것은 권장되지 않음을 알아두자. 프로젝트의 패키지 크기가 약간 증가하기 때문이다.

5. 프로젝트 이름과 저장할 장소를 선택한다.

6. 마지막으로 Create Project를 눌러 언리얼 엔진 4를 시작하자.

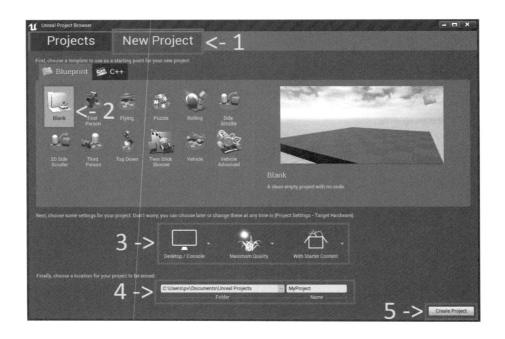

다음은 언리얼 엔진 사용자 인터페이스의 생김새다.

언리얼 엔진이 시작하면, 위 그림과 비슷한 화면을 볼 수 있다. 위 화면은 Starter Content를 포함하도록 했을 때 기본적으로 보이는 화면이다. Starter Content를 포함시키지 않았다면 초기 화면은 약간 다를 수 있다.

뷰포트 툴바

뷰포트 툴바는 레벨 디자인 과정에서 사용할 다양한 도구를 포함하고 있다. 간단히 살펴보자.

- 변환 툴: 첫 번째의 세 도구는 각각 이동, 회전, 스케일 도구다.
- 코디네이트 시스템: 월드 축(월드 공간) 혹은 로컬 축(로컬 공간)의 액터를 이동, 회전, 스케일할 수 있도록 한다. 기본적으로 언리얼 에디터는 월드 축으로 시작하나 아이콘을 눌러 토글할 수 있다. 지구본 아이콘은 월드 공간을 뜻하고, 큐브 아이콘은 로컬 공간을 뜻한다.
- 스내핑과 위치 그리드: 스내핑snapping은 한 액터로부터 다른 액터의 표면으로 스냅할 수 있도록 하며, 위치 그리드는 씬 내에서 3차원의 암시적인 그리드로 스냅할 수 있도록 한다.
- 회전 그리드: 회전 스냅 증가를 제공한다.
- 스케일 그리드: 스케일 그리드를 조절한다.

 이동, 회전, 스케일을 위한 스냅 설정은 Editor Preferences에서 조절 가능하다. Edit ➤ Editor Preferences ➤ Viewports로 가서 Grid Snapping Category로 이동하자.

- 카메라 속도: 뷰포트에서의 카메라 이동 속도를 조절한다.

카메라 속도는 (WASD 이동 중에) 마우스 오른쪽 버튼을 누른 채로 조절할 수 있으며, 마우스 휠을 올려 카메라 움직임을 빠르게 하거나 휠을 내려 느리게 할 수 있다.

- 뷰포트 최대화: 싱글 뷰포트와 네 개로 나뉜 뷰포트 스타일로 토글한다.

뷰포트의 레이아웃은 다음 스크린샷에서 보이는 Layout 옵션을 사용해 변경할 수 있다.

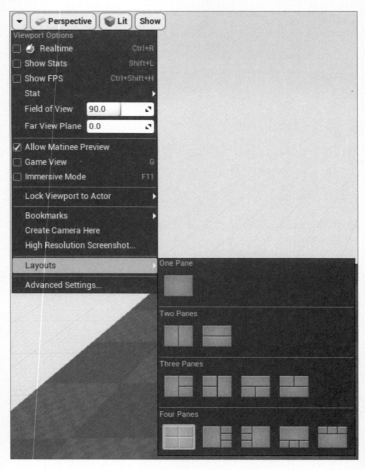

1장의 뒷부분에서는 바이너리 공간 파티셔닝^{BSP, Binary Space Partitioning}의 사용법을 배우고 스플래시 화면, 게임 아이콘 등과 같은 프로젝트 세팅을 바꿔볼 것이다.

모드

모드 탭은 에디터의 다섯 가지 모드를 포함한다.

- Place 모드(단축키는 Shift+1): Place 모드는 최근 배치한 오브젝트와 라이트, 지오메트리, 트리거, 볼륨 등의 엔진 프리미티브를 빨리 배치할 수 있도록 한다.

- Paint 모드(단축키는 Shift+2): Paint 모드(Mesh Paint로도 알려진)는 Level Viewport의 Static Mesh 버텍스 컬러를 변경할 수 있도록 한다.

- Landscape 모드(단축키는 Shift+3): Landscape 모드는 언리얼 에디터에서 완전히 새로운 랜드스케이프를 생성하거나 World Machine, TerreSculptor 등과 같은 외부 프로그램에서 맵을 가져오거나 수정본을 만드는 등의 역할을 한다.

- Foliage 모드(단축키는 Shift+4): Foliage 모드는 랜드스케이프, 다른 스태틱 메시 등에서 스태틱 메시를 그리거나 지울 수 있도록 한다. 예를 들면 큰 영역에 풀, 나무 등을 그리는 과정이다.

- Geometry Editing 모드(단축키는 Shift+5): Geometry 모드는 BSP 브러시를 수정할 수 있도록 한다.

콘텐츠 브라우저

콘텐츠 브라우저^{Content Browser}는 프로젝트의 심장이라고 부를 수 있다. 게임의 모든 애셋을 생성, 임포트, 확인, 수정, 배열, 변경하는 곳이다. 또한 윈도우 탐색기에서처럼 폴더의 이름을 바꾸거나 폴더를 삭제, 복사할 수 있고, 다른 폴더로 애셋을 이동할 수도 있다. 또한 콘텐츠 브라우저는 키워드에 기반한 특별한 애셋을 찾을 수 있도록 하며 접두사로 -를 추가해 검색되지 않도록 할 수도 있다.

자주 사용하는 애셋에 빨리 접근할 수 있도록 컬렉션을 만들 수도 있다.

 컬렉션은 단순히 애셋에 대한 참조일 뿐이고, 애셋이 이동되는 것은 아니다. 한 애셋이 여러 컬렉션에 존재할 수 있고 컬렉션을 무제한으로 만들 수 있다.

컬렉션에는 세 종류가 있다.

- Shared collection: 당신과 다른 사용자들이 다 볼 수 있다. 이 옵션은 Source Control이 동작할 때만 활성화된다(예: 퍼포스Perforce, 서브버전Subversion 등).
- Private collection: 컬렉션에 초대한 사람만 볼 수 있다. 이 옵션은 Source Control이 동작할 때만 활성화된다(예: 퍼포스, 서브버전 등).
- Local collection: 자신만 볼 수 있다. 로컬 머신에만 존재한다.

애셋을 다른 프로젝트로 옮기려면 애셋을 우클릭하고 Migrate…를 선택한다. 선택된 애셋과 연관된 애셋들이 새로운 프로젝트로 복제될 것이다.

콘텐츠 브라우저는 Ctrl+Shift+F를 누르거나 메뉴 바의 Windows 메뉴를 이용해 접근 가능하다. 한 번에 네 개의 콘텐츠 브라우저를 가질 수도 있다.

이는 애셋을 다른 폴더로 옮기거나 다른 폴더의 여러 애셋들을 미리보기할 때 유용하다.

콘텐츠 브라우저 뷰 옵션

뷰 옵션으로 다음과 같은 것을 할 수 있다.

- 섬네일 크기 변경
- 뷰 스타일 변경
- 3D 섬네일 변경 등

View Options는 콘텐츠 브라우저의 오른쪽 하단에서 접근 가능하다.

월드 아웃라이너

월드 아웃라이너World Outliner는 레벨 내의 모든 액터를 트리뷰로 보여준다. 액터는 월드 아웃라이너에서 선택하고 수정할 수 있다. 월드 아웃라이너에서 액터를 우클릭하면 Viewport에 같은 컨텍스트를 보여줄 것이다. Viewport에서 직접 찾지 않고도 수정할 수 있으며, 또한 액터를 다른 액터로 드래그해 합칠 수 있다.

월드 아웃라이너에서 특별한 액터를 검색할 수도 있다. 검색어 앞에 −(하이픈)을 추가해 특정 액터를 제외시키거나 +를 추가해 완벽하게 일치하는 단어만 검색 결과에 나오도록 할 수 있다.

디테일 패널

디테일^{Details} 패널은 뷰포트에서 선택된 것의 모든 정보, 유틸리티, 함수를 보여준다. 선택된 액터의 수정할 수 있는 속성을 모두 표시해주고 선택된 액터에 기반한 추가적인 함수를 제공한다. 예를 들어 Blueprint를 선택했다면, 디테일 패널은 공개된 변수, Blutility 이벤트 등 블루프린트와 관련된 모든 것을 보여준다. 스태틱 메시^{Static Mesh} 액터를 선택한다면, 디테일 패널은 적용된 머티리얼과 콜리전, 피직스, 렌더링 세팅 등을 보여준다. 디테일 패널은 선택된 액터에게서 잠글 수 있으며 잠그면 액터를 선택해도 변경되지 않는다. 콘텐츠 브라우저처럼 한 번에 네 개의 디테일 패널을 열 수 있다.

뷰포트 탐험하기

마우스와 키보드를 사용해 쉽게 뷰포트에서 돌아다닐 수 있다.

자세한 뷰포트 탐험 방법은 https://docs.unrealengine.com/latest/INT/Engine/UI/LevelEditor/Viewports/ViewportControls/index.html에서 확인할 수 있다.

뷰포트의 왼쪽 아래에는 작은 물음표 모양의 버튼이 있다. 버튼을 누르면 자주 사용되는 뷰포트 단축키를 확인할 수 있다.

BSP

이제 엔진 UI의 일부분을 확실하게 알게 됐으니 BSP를 사용해 간단한 레벨을 생성해보자. BSP는 지오메트리 툴(지오메트리 브러시^{Geometry Brush} 혹은 브러시^{Brush}라고도 알려진)이며 빠르게 프로토타입 레벨을 만드는 데 사용된다(레벨을 블록한다고도 알려져 있다). 몇몇 개발자는 CSG^{Constructive Solid Geometry}라고 부르는데, 이는 언리얼 에디터의 지오메트리가 더하기 브러시와 빼기 브러시로 만들어진다는 점에서 훨씬 정확한 용어라고 할 수 있다. BSP는 언리얼이 처음 나왔을 때부터 있었다. 오래전부터 레벨 디자인에 사용됐지만, 나중에는 이 역할이 스태틱 메시로 이동했다. BSP가 성능 측면에서 좀 더 큰 비용을 요구하기 때문이다.

그래서 기본적으로 BSP는 단순히 레벨 프로토타입 작성에만 사용돼야 한다. 레벨의 생김새에 대한 간단한 아이디어가 생겼다면 스태틱 메시로 교환을 시작해야 한다.

 CSG와 BSP는 언리얼의 지오메트리를 참조하는 의미로 사용된다. 둘은 같다.

BSP 생성하기

언리얼 엔진 4에는 일곱 가지 브러시가 있으며, 이 모두를 디테일 패널에서 조절할 수 있다.

- Box: X, Y, Z축을 조절할 수 있으며 Hollow로 설정할 수 있다. 이는 룸을 만드는 가장 빠른 방법이다. 내부 벽의 두께를 조절하는 Wall Thickness를 조절할 수도 있다.
- Cone: 디테일 패널에서 side의 개수, height, outer radius, inner radius를 설정할 수 있다. 또한 내부 벽의 두께를 설정하기 위해 Wall Thickness를 조절해 Hollow를 설정할 수 있다.

- Cylinder: 디테일 패널에서 side의 개수, height, outer radius, inner radius를 설정할 수 있다. Hollow로 설정할 수 있으며 내부 벽의 두께를 Wall Thickness로 조절할 수 있다.
- Curved Stair: 특정 각도로 구부러졌지만 자신을 감쌀 수는 없는 계단을 생성한다.
- Linear Stair: 굽어지지 않은 똑바른 계단을 생성한다.
- Spiral Stair: 반복적으로 자신을 감싸는 나선형 계단을 생성한다.
- Sphere: 구체를 생성한다. 반경은 디테일 패널에서 조절할 수 있다.

다른 액터와 마찬가지로 Transform Tools를 사용해 알맞게 보이도록 이동, 회전, 스케일을 조절할 수 있다.

Brushes에는 두 가지 타입이 있다.

- Additive(더하기): 이 브러시는 추가하는 데 사용한다. 지오메트리에 레벨을 더한다. Additive 타입을 사용해 벽, 천장, 바닥 등을 생성할 수 있다.
- Subtractive(빼기): 이 브러시는 삭제하는 데 사용한다. 이전에 생성된 Additive 브러시에서 차 있는 공간solid space을 뺀다. Subtractive 타입을 사용해서 벽에 창문이나 문을 만들 수 있다.

BSP 지오메트리를 Static Mesh로 변환해 콘텐츠 브라우저에 저장할 수 있다. 다만 UV 혹은 추가적인 머티리얼 요소는 가지지 않는다. 이것은 그다지 좋거나 추천할 만한 워크플로우가 아니라고 알려져 있다. BSP는 레벨을 블록하는 데만 사용하고 그 이후에는 DCC 애플리케이션에서 만든 애셋을 임포트해야 한다.

 Geometry Editing 모드(Shift+F5)로 가서 꼭짓점들을 수정하고 커스텀 모양을 생성할 수 있다.

기본 시작 레벨, 스플래시 화면, 게임 아이콘

게임과 에디터의 기본 시작^{default starting} 레벨을 바꿀 수 있다. 가령 게임에서는 Main Menu 맵을 기본으로 하고 에디터에서는 다른 맵을 기본 시작 레벨로 하고 싶을 수도 있다.

언리얼 에디터에서 설정하는 방법은 간단하다.

1. 메뉴 바의 Edit를 누른다.

2. Project Settings를 선택한다.

3. Maps & Modes로 간다.

4. 여기서 게임과 에디터의 기본 맵을 변경할 수 있다.

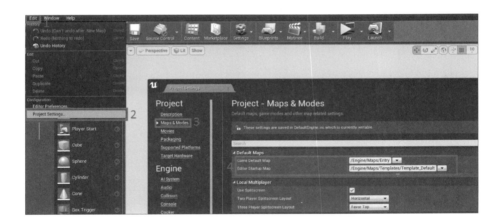

스플래시 화면을 Project Settings에서 조절할 수 있다.

1. Windows 섹션으로 이동한다.

2. 스플래시 화면과 게임 아이콘을 여기서 변경한다.

스플래시 화면의 기본 해상도는 600×200이고 .bmp 이미지가 필요하다. 게임 아이콘은 256×256 크기의 .ICO 파일이 필요하다.

요약

이제 언리얼 엔진의 기본을 이해했으니 3ds 맥스, 마야, 블렌더와 같은 DCC 애플리케이션에서 애셋을 임포트할 때다. 2장에서는 3ds 맥스에서 간단한 메시를 생성하고 언리얼 엔진에 임포트한 후 머티리얼, 콜리전, LOD와 같은 다양한 옵션을 조절해볼 것이다.

2

애셋 임포트

1장에서는 언리얼 엔진의 기본을 배웠다. 2장에서는 오토데스크 3ds 맥스로부터 애셋을 임포트하는 방법을 배울 것이다.

DCC 애플리케이션에서 애셋 생성하기

1장에서 BSP를 사용해 레벨을 블록하는 방법을 배웠다. 그러나 더 나은 성능과 머티리얼, 콜리전 등의 조정을 위해 스태틱 메시로 바꿀 필요가 있으며, 애플리케이션에서 모델을 생성하고 이것을 언리얼 엔진의 콘텐츠 브라우저를 통해 임포트할 것이다(DCC 애플리케이션에는 오토데스크 3ds 맥스, 오토데스크 마야, 블렌더 등이 있다). 언리얼 엔진은 FBX와 OBJ를 모두 지원하나 FBX 형식을 사용하길 권장한다.

다음 스크린샷은 2장에서 사용할 예제 애셋을 보여준다.

 이 책을 저술하는 시점에서 언리얼 엔진은 FBX 2014를 사용해 파이프라인을 임포트한다는 것을 참고하라. 다른 버전에서 임포트를 시도하면 호환성에 영향이 있을 수도 있다.

모델링을 할 때 염두에 둬야 할 것들은 다음과 같다.

- 유닛: 언리얼 유닛[UU]은 게임의 애셋을 모델링할 때 매우 중요하다. 올바르지 않은 유닛을 사용하면 실제 보여주려고 한 크기와는 다르게 보이는 결과가 나올 수 있다. 1 언리얼 유닛은 1cm다. 언리얼 4에 있는 샘플 캐릭터는 196cm다. 그러므로 언리얼 엔진 4용 애셋을 모델링할 때 196cm 높이의 박스를 기준으로 잡는 것이 가장 좋다.

오토데스크 3ds 맥스의 유닛 변경에 대해서는 다음 링크를 참고하라.

https://knowledge.autodesk.com/support/3ds-max/learnexplore/caas/
CloudHelp/cloudhelp/2015/ENU/3DSMax/files/GUID-69E92759-6CD9-
4663-B993-635D081853D2-htm.html

블렌더에서 유닛을 변경하는 방법은 다음 링크를 참고하라.

〈t0/〉http://www. http://www.katsbits.com/tutorials/blender/metric-imperial-
units.php

- 피벗 포인트: 오브젝트 로컬 중심과 로컬 코디네이트 시스템을 제공한다. 언리얼 엔진으로 메시를 임포트할 때 그 메시의 피벗 포인트(DCC 애플리케이션에서와 같은)는 변형(이동, 회전, 스케일 같은)되는 지점을 결정한다. 일반적으로 메시를 중앙인 (0, 0, 0)으로 유지하고 피벗 포인트를 메시의 한 가장자리로 설정하는 것이 언리얼 엔진의 적절한 정렬을 위해 좋다.
- 트라이앵글화triangulation: 언리얼 엔진 임포터는 자동으로 쿼드를 삼각형으로 변환할 것이므로 생략되는 삼각형은 없다.
- UV: 애셋을 위한 UV를 할 때 특별히 큰 오브젝트를 다루는 경우에는 0-1 사이의 값을 지정할 수 있다. UV 채널 1(언리얼에서는 채널 0)은 텍스처링에 사용되며 UV 채널 2(언리얼에서는 채널 1)는 라이트맵에 사용된다.

콜리전 메시 생성하기

콜리전 메시를 생성하고 애셋에 익스포트할 수 있다. 언리얼 엔진 4는 스태틱 메시를 위한 콜리전 생성기를 제공하지만, 메시가 열린 공간(문이나 창문이 있는 벽 같은)을 가진다면 자신만의 커스텀 콜리전 모양을 특별히 만들어야 할 때가 있다. 2장에서는 양쪽 모두를 다룰 것이다.

간단한 모양을 계산하는 것이 훨씬 빠르므로 콜리전 모양은 언제나 간단해야 한다.

커스텀 콜리전 모양

언리얼 임포터는 이름을 기반으로 콜리전 모양을 구별한다. 정의 가능한 콜리전 모양의 종류는 세 가지다. 목록은 다음과 같다.

- UBX_MeshName: UBX는 Unreal Box의 약자며 박스 모양이다. 어떤 방향으로든 간에 정점을 이동할 수는 없으며, 그렇지 않으면 동작하지 않을 것이다.
- USP_MeshName: USP는 Unreal Sphere의 약자며 구체 모양이다. 이 구체의 세그먼트 개수는 상관없지만(그러나 6-10 정도의 범위가 보기 좋다.) 어떤 정점도 이동할 수 없다.
- UCX_MeshName: UCX는 Unreal Convex의 약자로, 볼록한convex 형태여야만 하며 비어있거나 오목한 형태여서는 안 된다. 가장 일반적으로 사용되는 콜리전인데, 박스나 구체 같은 기본적인 형태는 언리얼 내부에서 바로 생성 가능하기 때문이다.

다음 스크린샷에서 빨간 와이어프레임 오브젝트를 볼 수 있으며, 이는 콜리전 모양collision shape으로 생성한 것이다.

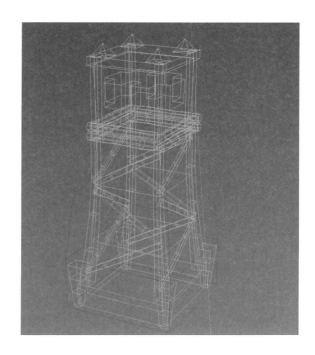

언리얼 엔진 4 콜리전 생성기

스태틱 메시를 위한 콜리전 모양은 스태틱 메시 에디터에서 생성할 수 있다. 에디터를 열려면 콘텐츠 브라우저의 스태틱 메시 애셋을 더블 클릭하고 콜리전의 옵션 목록 중에서 콜리전 메뉴를 선택한다.

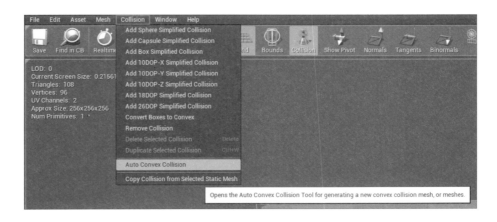

간단한 모양

이 메뉴의 세 가지 옵션은 간단한 모양simple shape이며 다음과 같다.

- Sphere Collision: 간단한 구체 모양을 생성한다.
- Capsule Collision: 간단한 캡슐 모양을 생성한다.
- Box Collision: 간단한 박스 모양을 생성한다.

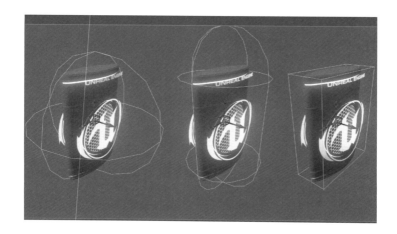

K-DOP 모양

K 이산 지향 폴리토프K-DOP, K-Discrete Oriented Polytope 형태는 기본적으로 볼륨 경계다. 숫자(10, 18, 26)는 K축 정렬 평면을 표시한다.

자동 볼록 충돌

이 옵션은 모델에 훨씬 더 정확한 충돌 형태를 만들기 위해 사용된다. 이 옵션을 클릭하면 스태틱 메시 에디터의 하단 오른쪽 가장자리에 새로운 독dock 윈도우가 나타난다. 스태틱 메시를 위해 Max Hulls(오브젝트 형태와 가장 잘 매치되기 위해 생성되는 헐hull의 개수)와 Max Hull Verts(콜리전 헐의 복잡도를 결정한다.)를 사용해 좀 더 복잡한 콜리전 형태를 생성할 수 있다.

다음 스크린샷에서 보듯이 자동 볼록의 결과는 매우 정확하다.

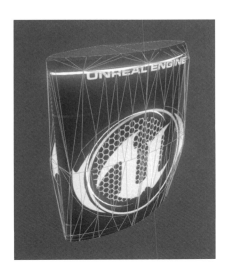

 콜리전 형태는 변환(이동, 회전, 스케일)을 지원해 여러 콜리전을 가지도록 복제할 수 있다. 스태틱 메시 에디터 내부의 콜리전 형태를 클릭한 후 W, E, R을 사용해 이동, 회전, 스케일로 변경 가능하다. Alt+왼쪽 드래그(혹은 Ctrl+W)를 사용해 기존의 콜리전을 복제할 수 있다.

머티리얼

언리얼 엔진은 3D 애플리케이션에서 머티리얼과 텍스처를 임포트해 메시에 적용할 수 있다. 오토데스크 3ds 맥스에서는 기본 머티리얼만 지원되며, Standard와 Multi/Sub-Object가 있다. 기본 머티리얼에서는 몇몇 기능만이 지원된다. FBX는 모든 세팅을 익스포트하지 않지만 머티리얼 타입에 사용된 몇몇 맵이나 텍스처를 지원한다는 뜻이다.

다음 예제에서 여러 머티리얼이 적용된 모델을 볼 수 있다.

플랫폼으로 Mobile/Tablet을 선택했다면 Starter Content를 포함하는 것은 권장하지 않음을 알아두자. Viewport의 레이아웃은 다음 스크린샷에서 보이는 Layout 옵션을 사용해 변경할 수 있다.

LOD

디테일 레벨^{LOD, Level of Detail}은 메시가 카메라에서 떨어진 만큼 제한하는 것이다. 각각의 LOD는 이전의 것과 비교해 줄어든 삼각형과 꼭짓점^{vertice}(버텍스)을 가지며 비슷한 머티리얼을 가진다. 기본 LOD(LOD 0)는 최고 품질 메시며 플레이어가 가까이 갔을 때 나타난다는 뜻이다. 플레이어가 오브젝트로부터 멀어질수록 LOD 0보다 줄어든 삼각형과 꼭짓점을 가지는 LOD 1으로 변경되며, 플레이어가 더 멀어진다면 LOD 1보다 더 적은 삼각형과 꼭짓점을 가지는 LOD 2로 변경될 것이다.

다음은 LOD가 무엇을 하는지 이해하도록 도울 것이다. 왼쪽의 메시는 기본 LOD(LOD 0)며 중간은 LOD 1, 오른쪽은 LOD 2다.

 LOD에 대한 자세한 정보는 다음 링크에서 확인할 수 있다.
https://docs.unrealengine.com/latest/INT/Engine/Content/Types/
StaticMeshes/HowTo/LODs/index.html

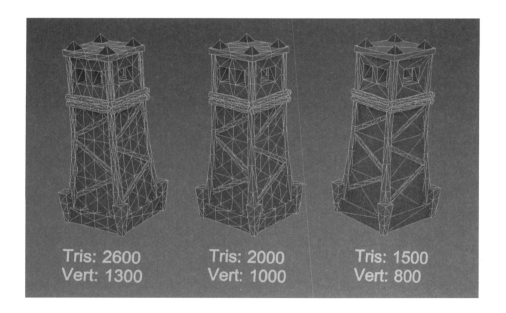

익스포팅과 임포팅

이제 언리얼에서 메시를 익스포트하거나 임포트하는 방법을 살펴본다.

익스포팅

메시 익스포트는 매우 직관적인 과정이다. 여러 메시를 하나의 FBX 파일로 익스포트하거나 각각의 메시를 따로 익스포트할 수 있다. 언리얼 임포터는 임포트하

는 시점에서 여러 메시를 각각의 애셋으로 임포트하거나 Combine Meshes 옵션을
활성화시켜 하나의 애셋으로 합칠 수 있다.

다음 스크린샷은 익스포트할 여러 개의 콜리전 메시와 모델을 선택한 것을 보여
준다.

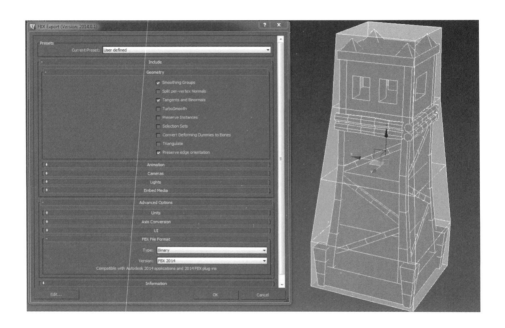

 스무싱 그룹(Smoothing Groups)은 익스포팅할 때 변경돼야 한다. 그렇지 않으면 언
리얼 엔진은 임포팅할 때 경고 창을 보여줄 것이다.

임포팅

언리얼로 메시를 임포트하는 것은 간단하다. 임포트하는 방법은 세 가지며, 다음
과 같다.

컨텍스트 메뉴

콘텐츠 브라우저에서 우클릭하고 Import to 〈폴더명〉을 선택한다.

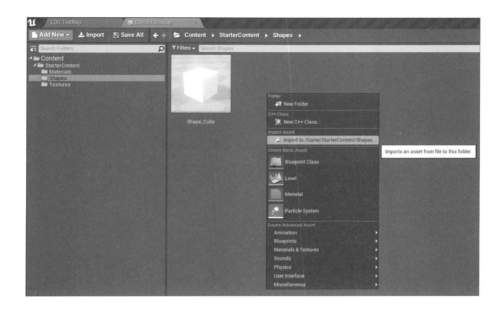

드래그 앤 드롭

윈도우 탐색기에서 FBX나 OBJ 모델을 콘텐츠 브라우저로 드래그하면 쉽게 임포트할 수 있다.

콘텐츠 브라우저 임포트

콘텐츠 브라우저에는 메시 임포트를 위한 임포트 버튼이 있다.

자동 임포트

프로젝트의 콘텐츠 폴더(하위 폴더 포함)에 FBX 파일이 있다면 언리얼은 자동으로 그것을 감지하고 임포트 과정을 실행할 것이다(에디터가 열려 있는 경우다. 그렇지 않으면 다음 실행할 때).

자동 임포트 설정

자동 임포트 기능을 활성화하거나 비활성화할 수 있다. 설정을 위해서는 Edit ❯ Editor Preferences ❯ Loading & Saving ❯ Auto Reimport로 이동한다.

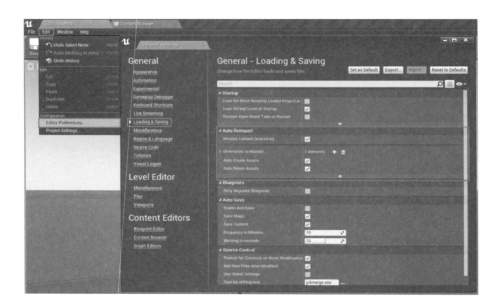

- Monitor Content Directories: 자동 애셋 임포트를 켜거나 끈다.
- Directories to Monitor: 엔진이 새로운 콘텐츠가 있는지 모니터링하는 경로 (\Game\MyContent\ 같은 상대 경로나 C:\My Contents 같은 절대 경로 모두 가능하다.)를 추가하거나 삭제한다.
- Auto Create Assets: 활성화하면 어떤 새로운 FBX 파일도 자동으로 임포트되지 않는다.

- Auto Delete Assets: 활성화하면 탐색기에서 FBX 파일을 지워도 언리얼 엔진 은 이전처럼 애셋을 지울 것인지 물어본다.

Result

애셋을 임포트할 때 임포트 옵션 대화 상자를 볼 수 있다. 여기서 임포트 세팅에 대한 모든 것을 확인할 수 있다.

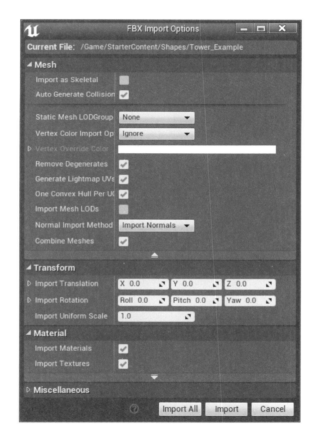

임포트를 클릭하면(혹은 여러 FBX 파일을 전부 임포트할 때) 콘텐츠 브라우저에서 애셋을 볼 수 있다. 다음 스크린샷은 언리얼이 오토데스크 3ds 맥스의 머티리얼 을 자동으로 임포트하는 방법을 보여준다.

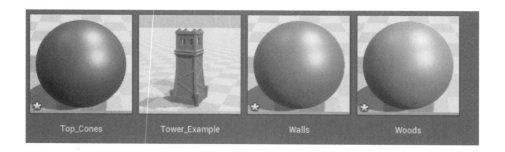

스태틱 메시(Tower_Example)를 더블 클릭하면, 스태틱 메시 에디터를 볼 수 있다. 그리고 다음 스크린샷에서 언리얼이 성공적으로 커스텀 콜리전 모양을 임포트한 것을 볼 수 있다.

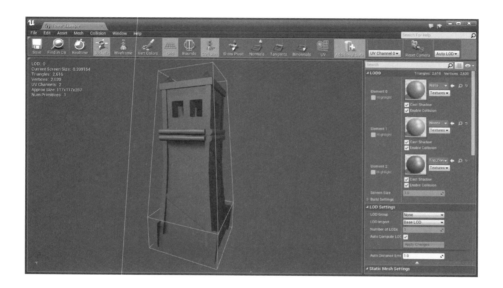

요약

3장에서는 머티리얼과 텍스처를 배울 것이다.

3
머티리얼

머티리얼^{material}은 이미지(텍스처)와 수학 표현을 포함하고 있는 다양한 그래픽 노드를 통해 메시의 생김새를 결정한다. 언리얼 엔진 4는 물리 기반 렌더링^{PBR}을 사용 중이며 금속, 콘크리트, 벽돌 같은 실제와 거의 비슷한 머티리얼을 매우 쉽게 생성한다. 언리얼 엔진의 머티리얼은 색상, 빛남, 울퉁불퉁함, 모자이크, 또는 정점을 조절해 오브젝트를 애니메이트 가능한지 등 메시의 표면에 대한 모든 것을 결정한다. 지금은 괜찮다고 생각할 수도 있다. 머티리얼을 단지 메시에만 쓰이는 것으로 여길 수 있기 때문이다. 하지만 그렇지 않다. 실제로는 메시로만 제한돼 있지 않으며 데칼이나 포스트 프로세스, 라이트 작업 등에도 사용할 수 있다.

머티리얼 생성은 매우 직관적인 과정이다. 콘텐츠 브라우저에서 우클릭하고 머티리얼을 선택한 후 이름을 지으면 끝이다.

머티리얼 사용자 인터페이스

이제 머티리얼이 무엇이고 어디에 이용되는지 알게 됐으므로, 머티리얼 그래프
의 사용자 인터페이스를 살펴보자.

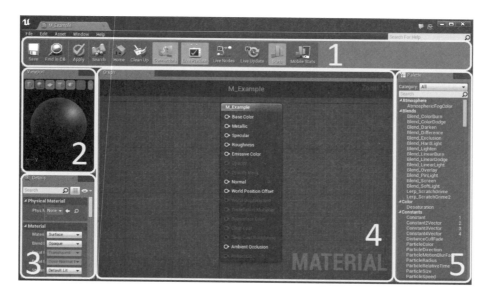

툴바

툴바 패널에는 그래프 노드 미리보기, 고립된 노드 삭제, 머티리얼 스탯^{material stat} 등을 돕는 여러 버튼들이 있다. 이 버튼들이 무엇을 하는지 살펴보자.

- Save: 변경한 머티리얼을 저장하고 애셋에 저장한다.

- Find in CB: 콘텐츠 브라우저의 머티리얼을 검색하고 선택한다.

- Apply: 머티리얼의 변경된 것들을 승락한다. 저장되지는 않는다.

- Search: 머티리얼 표현이나 코멘트를 검색한다.

- Home: 메인 캔버스 노드로 이동하고 선택한다.

- Clean Up: 연결되지 않은 노드를 삭제한다.

- Connectors: 연결되지 않은 핀을 보여주거나 안 보이게 한다.

- Live Preview: 머티리얼 미리보기의 실시간 업데이트를 토글한다.

- Live Nodes: 그래픽 노드의 실시간 업데이트를 토글한다.

- Live Update: 그래프에 있는 모든 노드의 셰이더를 재컴파일한다.

- Stats: 머티리얼 스탯과 컴파일 에러를 토글한다.
- Mobile Stats: Stats와 같지만 모바일용이다.

라이브 노드는 신규 사용자에게는 헷갈릴 수도 있으므로 나중에 설명하겠다.

라이브 프리뷰

때때로 디버깅을 위해 메인 노드와 연결하기 전에 특정 노드의 결과를 미리보기할 필요가 있다.

노드 미리보기를 하기 위해서는 노드를 우클릭한 후 Start Previewing Node를 선택한다.

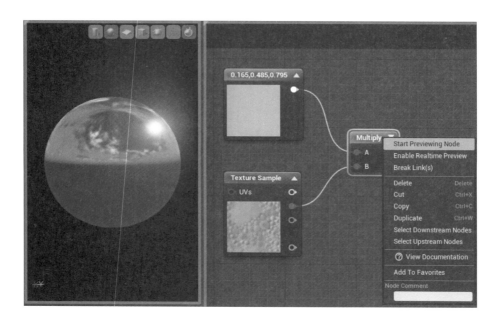

Live Preview를 활성화하지 않으면 머티리얼 미리보기에서 어떤 변화도 볼 수 없다.

 강제로 미리보기하려면 스페이스바를 누른다.

라이브 노드

노드 표현 변경으로 인한 변화를 실시간 업데이트로 보여준다. 다음 예제를 보자.

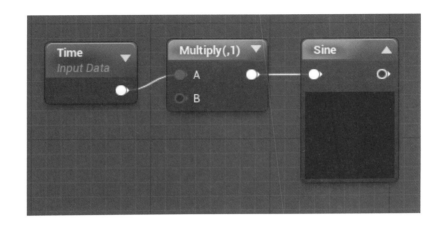

위 스크린샷에서 Sine 노드는 시간에 1을 곱한 만큼의 시간마다 업데이트된다. 라이브 노드를 활성화하면 Sine 노드가 검정과 흰색 사이를 왔다갔다 하는 것을 볼 수 있다. Multiply 값을 1에서 다른 값(예를 들면 5)으로 바꾸더라도 라이브 업데이트가 활성화되지 않았다면 변경점을 볼 수 없다.

라이브 업데이트

활성화하면 노드 추가, 노드 삭제, 속성 변경 등의 수정에 상관없이 모든 표현이 컴파일된다. 복잡한 그래프라면 이 옵션을 비활성화하길 권한다. 조금이라도 수정하면 모든 노드를 컴파일하게 돼 있기 때문이다.

프리뷰 패널

프리뷰 패널은 현재 수정 중인 머티리얼의 결과를 보여준다. 다음 옵션을 사용해 머티리얼 프리뷰를 돌아다닐 수 있다.

- 메시 회전: 마우스 왼쪽 버튼으로 드래그
- 팬: 마우스 가운데 버튼으로 드래그
- 줌: 마우스 오른쪽 버튼으로 드래그
- 빛 업데이트: L을 누른 상태에서 마우스 왼쪽 버튼으로 드래그

프리뷰 뷰포트의 오른쪽 상단 구석에서 몇몇 설정을 바꿀 수 있다. 이것은 프리뷰 메시를 선택된 우선 모양으로 변경한다.

프리뷰 메시를 커스텀 메시로 변경한다. 콘텐츠 브라우저에서 스태틱 메시를 선택해야 한다.

프리뷰 뷰포트에서 그리드를 그릴지 여부를 토글한다.

프리뷰 뷰포트에서의 실시간 렌더링을 토글한다.

디테일 패널

디테일 패널은 그래프에서 노드를 선택했을 때 변경 가능한 모든 속성을 보여준다. 아무 노드도 선택되지 않았다면 머티리얼 자체의 속성을 보여준다.

이 세팅에 대한 더 자세한 정보를 보려면 https://docs.unrealengine.com/latest/INT/Engine/Rendering/Materials/MaterialProperties/index.html의 머티리얼 속성 문서를 참고한다.

그래프 패널

머티리얼의 모양새와 성질이 어떤지 결정하는 모든 노드를 만드는 메인 공간이다. 기본적으로 머티리얼 그래프는 여러 입력을 가지는 하나의 마스터 노드를 가지고 있으며, 이 마스터 노드는 삭제할 수 없다. 몇몇 입력은 회색으로 바뀌며 디테일 패널에서 블렌드 모드를 변경해 활성화할 수 있다.

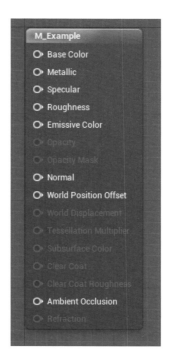

팔레트 패널

팔레트 패널은 드래그 앤 드롭을 사용해 그래프에 배열할 수 있는 모든 그래프 노드와 머티리얼 함수를 나열한다.

 카테고리 옵션을 사용해 팔레트 콘텐츠를 표현이나 머티리얼 함수로 필터링할 수 있다.

일반 머티리얼 표현

머티리얼을 생성할 때 자주 사용하는 일반 머티리얼 노드가 있다. 노드를 생성하기 위해서는 그래프 캔버스에서 우클릭한 후 검색하거나 패널 윈도우를 사용해 드래그 앤 드롭할 수도 있다. 몇몇 노드는 할당된 단축키를 가지고 있기도 하다.

그럼 일반 노드에 대해 살펴보자.

상수

상수^{constant} 표현은 하나의 float 값을 출력하며 거의 대부분의 입력과 연결할 수 있다. 그리고 상수 표현을 파라미터로 바꿀 수 있으며 머티리얼 인스턴스로 실시간 변경을 만들 수 있다. 또한 블루프린트나 C++를 통해 파라미터에 접속할 수 있으며 게임에서 그 변화를 볼 수 있다.

- 단축키: 1을 누른 채로 그래프 영역 클릭
- 파라미터 단축키: S를 누른 채로 그래프 영역 클릭
- 예제 사용법: 텍스처를 밝게 하거나 어둡게 하기

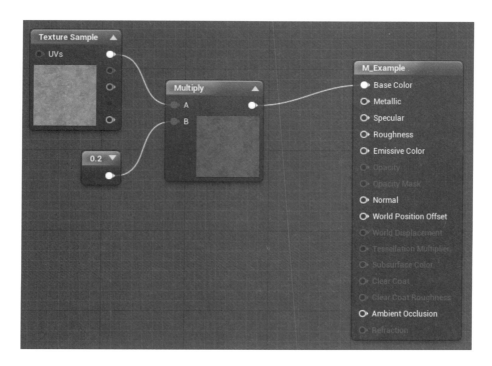

텍스처를 어둡게 하는 데 상수 표현(0.2)을 사용한 것을 볼 수 있다.

Constant2Vector

Constant2Vector 표현은 두 개의 float 값을 출력하며 이는 2채널 백터 값이다
(예를 들면 적색 채널과 녹색 채널). Constant2Vector를 파라미터로 변경할 수 있으
며 게임플레이 중 머티리얼을 곧바로 변경하기 위해 블루프린트나 C++를 통해
실시간으로 머티리얼 인스턴스에 접근하거나 변경할 수 있다.

- 단축키: 2를 누른 채로 그래프 영역 클릭
- 파라미터 단축키: V를 누른 채로 그래프 영역 클릭
- 예제 사용법: 텍스처의 UV를 각각 조절

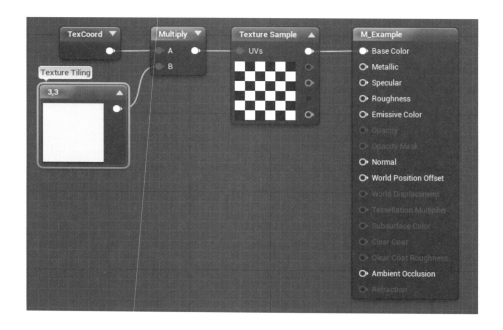

위 스크린샷에서 Constant2Vector가 텍스처를 타일링하는 데 사용되는 것을 볼
수 있다.

Constant3Vector

Constant3Vector 표현은 세 개의 float 값을 출력하며, 이는 3채널 벡터 값이다
(예를 들면 적색 채널, 녹색 채널, 청색 채널). Constant3Vector를 파라미터로 변경할
수 있으며, 게임플레이 중 머티리얼을 곧바로 변경하기 위해 블루프린트나 C++
를 통해 실시간으로 머티리얼 인스턴스에 접근하거나 변경할 수 있다.

- 단축키: 3을 누른 채로 그래프 영역 클릭
- 파라미터 단축키: V를 누른 채로 그래프 영역 클릭
- 예제 사용법: 주어진 텍스처의 색상 조절

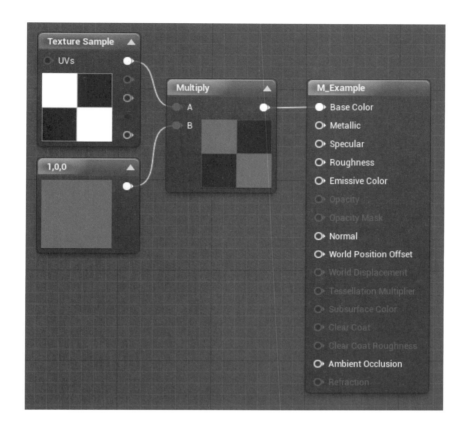

위 스크린샷에서 Constant3Vector가 회색풍 텍스처에 색상을 입히는 데 사용되는 것을 볼 수 있다.

텍스처 코디네이트

텍스처 코디네이트[TexCoord] 표현은 텍스처 UV 코디네이트를 2채널 벡터로 출력한다(예를 들면 U와 V). 이는 타일링하는 것을 돕고 다른 UV 코디네이트를 사용할 수 있도록 한다.

- 단축키: U를 누른 채로 그래프 영역 클릭

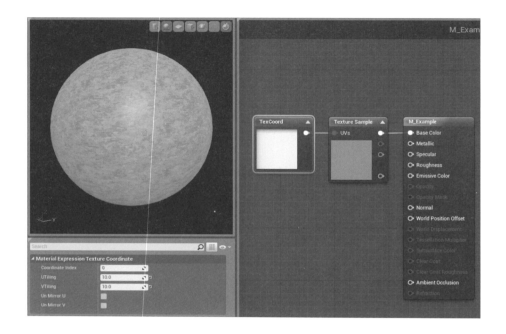

위 스크린샷에서 텍스처를 타일링하는 데 텍스처 코디네이트가 사용되는 것을 볼 수 있다. 왼쪽 하단 가장자리의 디테일 패널에서는 사용된 값들을 살펴볼 수 있다.

곱

이 표현은 입력 값을 곱하고^{multiply} 결과를 출력한다.

- 곱하기는 채널별로 이뤄진다. 예를 들어 두 벡터 (0.2, 0.3, 0.4)와 (0.5, 0.6, 0.7)을 곱할 경우의 실제 과정은 다음과 같다.

```
0.2 x 0.5 = 0.1
0.3 x 0.6 = 0.18
0.4 x 0.7 = 0.28
```

결과는 다음과 같이 나온다.

```
(0.1, 0.18, 0.28)
```

- 곱 노드는 어떤 하나가 상수인 경우가 아니라면 같은 타입을 입력해야 한다. 간단히 말해서 Constant2Vector와 Constant3Vector를 곱할 수는 없다. 그러나 상수 표현과 Constant2Vector 혹은 Constant3Vector는 곱할 수 있다.

  - 단축키: M을 누른 채로 그래프 영역 클릭

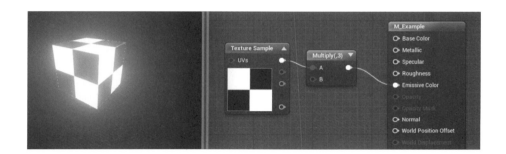

위 스크린샷은 이미시브 효과emissive effect의 부스트를 위해 곱 노드가 사용되는 것을 보여준다.

합

이 표현은 입력된 값을 더해 그 결과를 출력한다.

합add은 채널별로 행해진다. 두 벡터 (1, 0, 0)과 (0, 1, 0)을 더하면 실제 과정은 다음과 같다.

```
1 + 0 = 1
0 + 1 = 1
0 + 0 = 0
```

결과는 다음과 같이 나온다.

```
(1, 1, 0)
```

더하기 노드는 어떤 하나가 상수인 경우가 아니라면 같은 타입을 입력해야 한다. 간단히 말해서 Constant2Vector와 Constant3Vector를 더할 수는 없다. 그러나 상수 표현과 Constant2Vector 혹은 Constant3Vector는 더할 수 있다. 왜 이런 것이 가능한지 살펴보자. 다음 스크린샷을 보자.

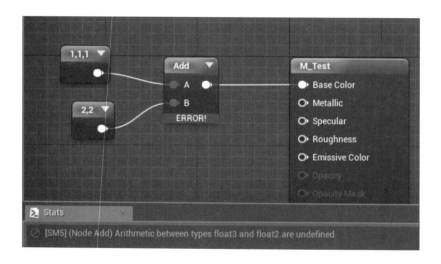

Constant2Vector와 Constant3Vector를 더하려고 하지만 동작하지 않는다. 그 이유는 머티리얼 에디터가 합 노드를 컴파일하려고 할 때 Constant3Vector의 마지막 요소와 더할 것이 없으므로 실패하기 때문이다. 다음 계산과 같이 될 것이다.

```
1 + 2 = 3
1 + 2 = 3
1 + - = fail
```

그러나 Constant3Vector와 상수 표현을 더하면 다음과 같이 된다.

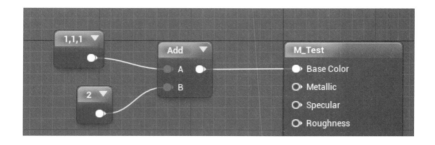

결과는 다음과 같다.

```
1 + 2 = 3
1 + 2 = 3
1 + 2 = 3
```

이제 컴파일이 잘 될 것이다.

- 단축키: A를 누른 상태로 그래프 영역 클릭

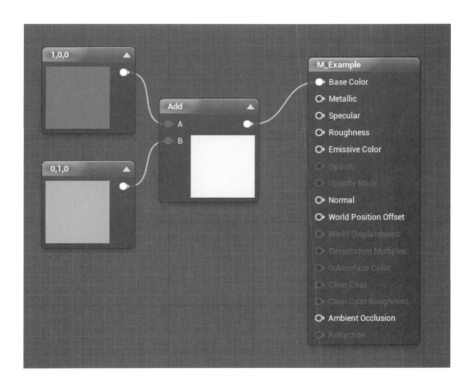

나누기

나누기[divide] 표현은 입력한 값을 나누고 그 결과를 출력한다.

나누기는 채널별로 이뤄진다. 두 벡터 (0.2, 0.3, 0.4)와 (0.5, 0.6, 0.7)로 나누기를 할 때의 실제 과정은 다음과 같다.

```
0.2 / 0.5 = 0.4
0.3 / 0.6 = 0.5
0.4 / 0.7 = 0.571
```

결과는 다음과 같이 나온다.

```
(0.4, 0.5, 0.571)
```

나누기 노드는 어떤 하나가 상수인 경우가 아니라면 같은 타입을 입력해야 한다. 간단히 말해서 Constant2Vector와 Constant3Vector를 나눌 수는 없다. 그러나 상수 표현과 Constant2Vector 혹은 Constant3Vector는 나눌 수 있다.

- 단축키: D를 누른 상태로 그래프 영역 클릭

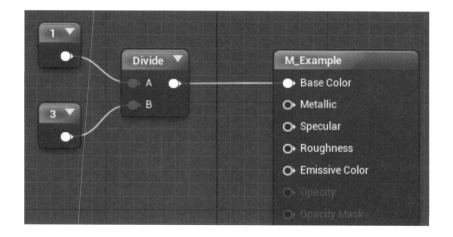

빼기

이 표현은 입력된 값을 빼고^{subtract} 그 결과를 출력한다.

빼기는 채널별로 행해진다. 두 벡터 (0.2, 0.3, 0.4)와 (0.5, 0.6, 0.7)로 빼기를 할 때의 실제 과정은 다음과 같다.

```
0.2 - 0.5 = -0.3
0.3 - 0.6 = -0.3
0.4 - 0.7 = -0.3
```

결과는 다음과 같이 나온다.

```
(-0.3, -0.3, -0.3)
```

빼기 노드는 어떤 하나가 상수인 경우가 아니라면 같은 타입을 입력해야 한다. 간단히 말해서 Constant2Vector와 Constant3Vector를 뺄 수는 없다. 그러나 상수 표현과 Constant2Vector 혹은 Constant3Vector는 뺄 수 있다.

- 단축키: 단축키 없음

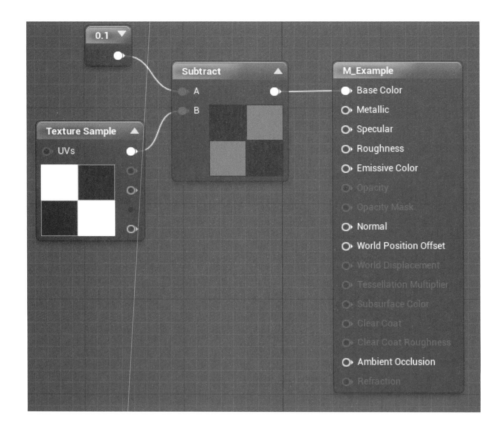

텍스처 샘플

텍스처 샘플(Texture2D)은 주어진 텍스처를 출력한다. 텍스처에서 각각 4채널(즉 빨강, 초록, 파랑, 알파) 또한 출력하므로 이것을 다양한 곳에 사용할 수 있다. 이는 다양한 그레이스케일 텍스처(마스크 텍스처, 거친 텍스처 등과 같은)에서 작업할 때 특히 유용하다. 여러 텍스처를 임포트하는 대신에 포토샵에서 하나의 텍스처만을 만들고, 머티리얼 에디터에서 다른 텍스처에 각각 다른 채널을 부여한 후 그 각각의 채널을 얻어 여러 재미있는 곳에 쓸 수 있다. 참, Texture2D가 무비 텍스처를 사용할 수 있다는 것을 말했던가?

텍스처 샘플은 TextureSampleParameter2D로 변경 가능하며, 머티리얼 인스턴스를 통해 실시간으로 텍스처를 변경할 수 있다. 그리고 블루프린트나 C++를 통해 게임 내에서 동적으로 텍스처를 변경할 수도 있다.

- 단축키: T를 누른 채로 그래프 영역 클릭
- 파라미터 단축키: 단축키 없음

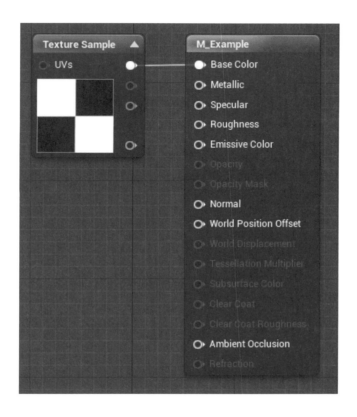

컴포넌트 마스크

컴포넌트 마스크component mask 표현은 Constant2Vector, Constant3Vector, Constant4Vector, TextureSample 등과 같은 벡터 채널 입력으로부터 다양한 채널을 추출할 수 있다. 예를 들어 Constant4Vector가 RGBA 출력 하나만을 가지고 있다고 해보자. 이때 RGBA로부터 초록 채널만을 가져오고 싶다면 컴포넌트 마스크를 사용한다. 컴포넌트 마스크를 우클릭하고 파라미터로 변환한 다음에 머티리얼 인스턴스에서 실시간으로 변경할 수 있다.

- 단축키: 단축키 없음
- 파라미터 단축키: 단축키 없음

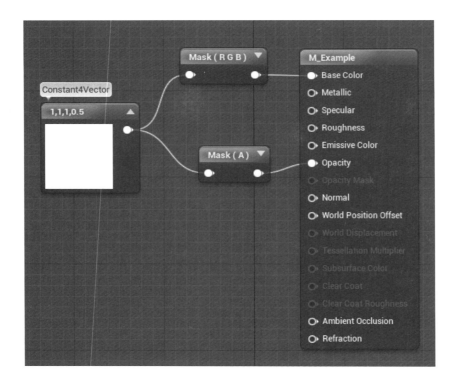

위 스크린샷에서 알파 채널을 추출해 불투명도에 연결하고 RGB 채널을 기본 색상Base Color에 연결했다.

리니어 인터폴레이트(러프)

알파를 기반으로 두 텍스처나 값을 섞는다. 알파 값이 0(검정)일 때 A 입력이 사용되고, 알파 값이 1(흰색)일 때 B 입력이 사용된다. 대부분의 경우 마스크 텍스처를 기반으로 두 텍스처를 섞는 데 사용된다.

- 단축키: L을 누른 채로 그래프 영역 클릭
- 사용 예: 상수나 마스크 텍스처를 포함한 두 텍스처를 알파 값을 기준으로 섞는다.

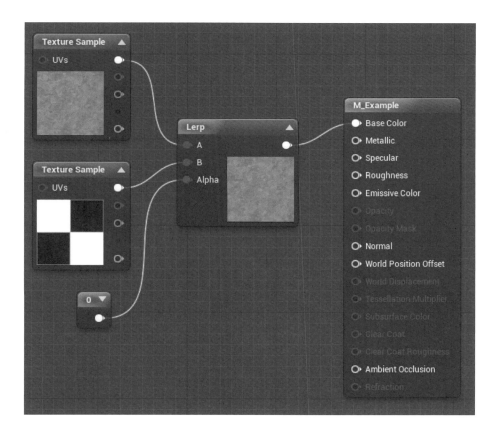

러프^{lerp} 노드는 알파 값이 0이면 A 입력을 100% 출력한다. 알파 값을 1로 설정하면 B 입력이 100% 출력된다. 알파 값이 0.5라면 A와 B가 섞일 것이다.

제곱

제곱^{power} 노드는 밑 입력을 지수 횟수만큼 곱한다. 예를 들어 4 밑수에 6 지수를 넣었을 때의 실제 과정은 다음과 같다.

```
4 x 4 x 4 x 4 x 4 x 4 = 4096
```

그래서 실제 결과는 4096이다.

기본 입력에 텍스처를 적용하고 상수(4 같은)를 가지고 있다면, 텍스처는 네 번 곱해질 것이다.

- 단축키: E를 누른 채로 그래프 영역 클릭
- 사용 예: 맵의 대조 혹은 인접한 닫힌 맵 영역을 조절

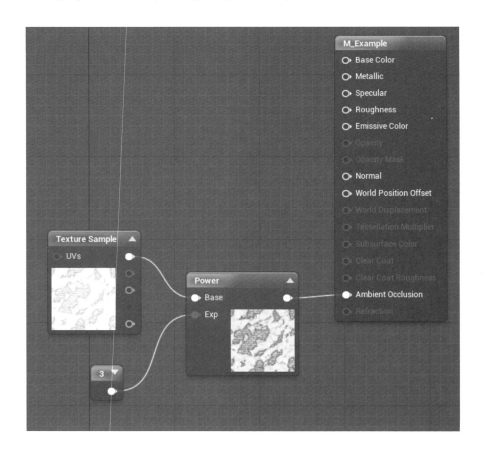

82

위 이미지는 텍스처 샘플의 대조를 강조하기 위해 제곱 노드를 사용하는 것을 보여준다.

PixelDepth

PixelDepth는 현재 렌더링되는 픽셀의 카메라까지의 거리를 출력하며, 플레이어와의 거리에 따라 머티리얼의 모양을 변경하려고 할 때 유용하다.

- 단축키: 단축키 없음
- 사용 예: 플레이어와의 거리에 따라 오브젝트의 색상을 바꾼다.

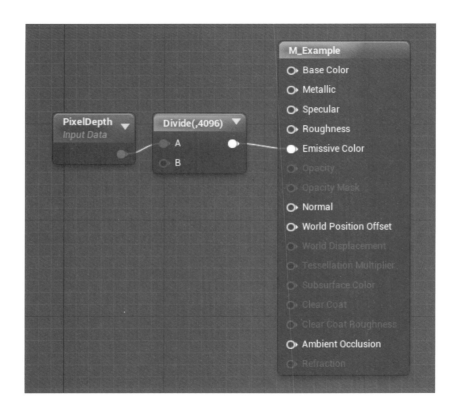

이전 머티리얼을 메시에 적용한다면 메시의 색깔은 플레이어 카메라에 대한 거리를 기준으로 변할 것이다.

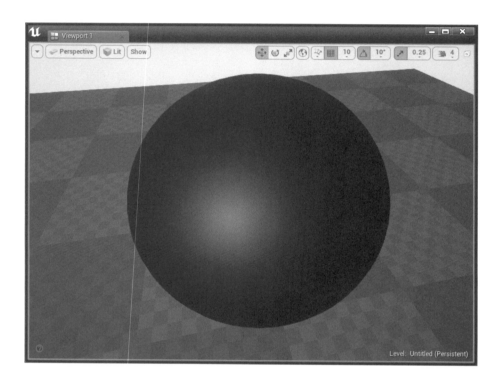

위 스크린샷은 메시가 플레이어 카메라에 가까이 가면 어떻게 보이는지 보여준다.

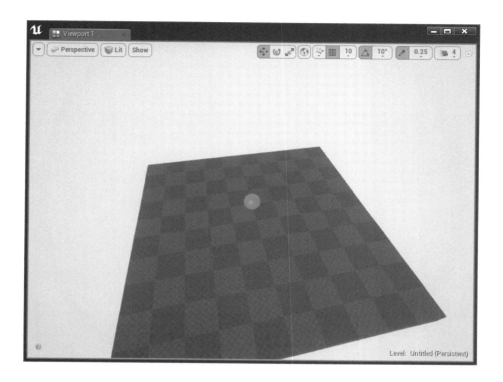

위 스크린샷은 메시가 플레이어 카메라로부터 멀어지면 어떻게 보이는지를 보여준다.

Desaturation

이름이 말해주듯이 Desaturation 표현은 입력의 채도를 낮춘다. 간단히 말하자면 특정 퍼센트를 기반으로 컬러 이미지를 그레이스케일로 변환할 수 있다.

- 단축키: 단축키 없음

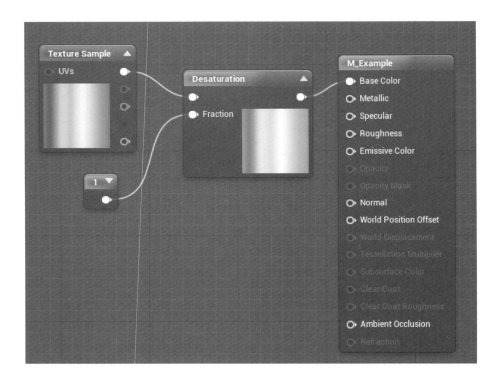

Time

이 표현은 게임의 흐른 시간(초 단위)을 출력하며, 매시간마다 머티리얼을 변경하고 싶을 때 사용한다.

- 단축키: 단축키 없음
- 사용 예: 반짝이는 머티리얼 생성

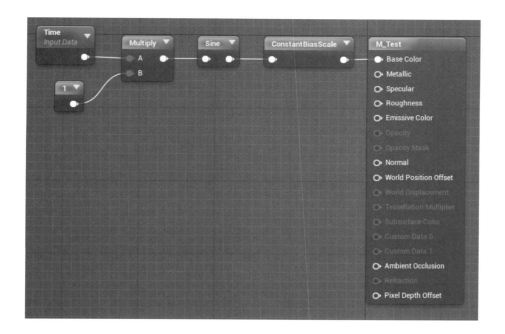

앞의 머티리얼에서 시간과 상수를 곱했다. 곱 노드의 결과는 Sine 노드로 연결되며 Sine 노드는 -1부터 1까지의 범위 내에서 끊임없이 진동하는 값을 출력한다. 그다음 ConstantBiasScale 노드를 사용해 값이 0 이하로 내려가지 않게 한다. ConstantBiasScale 노드는 기본적으로 바이어스bias 값을 입력에 더하고 스케일 값을 곱한다. 기본적으로 바이어스는 0.5, 스케일은 1로 설정돼 있다. Sine 값이 -1 이라면 결과는 (-1 + 1) * 0.5가 돼 0이 된다.

프레스넬

프레스넬fresnel은 메시의 가장자리를 강조하는 림 라이트닝rim lighting을 생성한다.

- 단축키: 단축키 없음

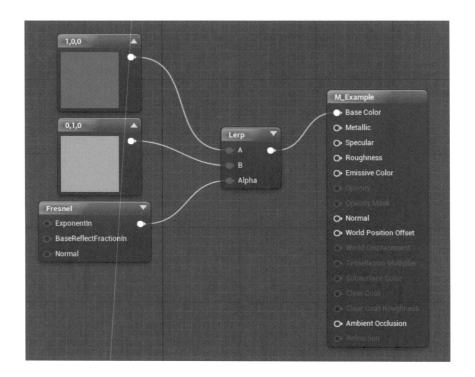

위 네트워크의 결과는 다음과 같다.

머티리얼 종류

기본적인 표현 중 일부에 대해 알게 됐으므로 다른 머티리얼 타입을 살펴보자. 이번에 살펴볼 것은 머티리얼 인스턴스, 머티리얼 함수, 레이어 머티리얼이다.

머티리얼 인스턴스

머티리얼 인스턴스는 재컴파일을 하지 않고 머티리얼의 모양을 변경하는 데 사용된다. 머티리얼 에디터에서 어떤 값을 변경하고 적용하면 전체 셰이더^{shader}를 재컴파일하고 셰이더 세트를 생성한다. 머티리얼에서 머티리얼 인스턴스를 만들면, 같은 셰이더 세트를 사용하기 때문에 재컴파일 없이 실시간으로 값을 변경할 수 있다. 다만 부모 머티리얼에서 스태틱 스위치 파라미터나 컴포넌트 마스크 파라미터를 사용할 때는 다르다. 각각의 파라미터가 고유한 조합을 가지고 있기 때문이다. 예를 들어 스태틱 스위치 파라미터가 없는 `Material_1`과 `bEnableSwitch`라는 이름의 스태틱 스위치 파라미터를 가진 `Material_2`를 가지고 있다고 하자. `Material_1`은 셰이더 세트를 하나만 만들지만, `Material_2`는 `bEnableSwitch = False`일 때와 `bEnableSwitch = True`일 때의 셰이더 두 세트를 만들 것이다.

예제 워크플로우는 모든 필수적인 파라미터를 보유한 마스터 머티리얼을 만들고 디자이너가 다른 버전을 만들도록 하는 것이다.

머티리얼 인스턴스에는 두 종류가 있다.

- 머티리얼 인스턴스 상수
- 다이내믹 머티리얼 인스턴스

머티리얼 인스턴스 상수는 오직 사용자 인터페이스만 가지고 있다. 머티리얼 인스턴스 다이내믹은 사용자 인터페이스를 가지지 않으며 콘텐츠 브라우저에서 생성할 수 없다.

머티리얼 인스턴스 상수

이름이 말해주듯이 머티리얼 인스턴스 상수MIC는 에디터에서만 수정 가능하며, 런타임 시점에서 값을 수정할 수는 없다. MIC는 부모 머티리얼에게 생성한 모든 파라미터를 노출하며, 자신만의 그룹을 만들고 모든 파라미터를 멋지게 나열할 수 있다.

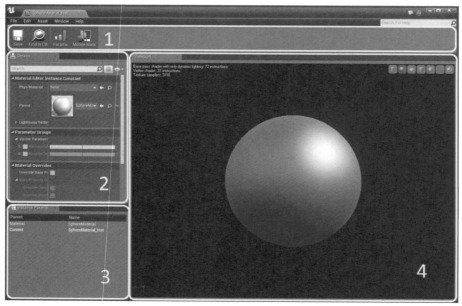

머티리얼 인스턴스 사용자 인터페이스

- Toolbar(1): 다음은 툴바 옵션이다.
  - Save: 애셋을 저장한다.
  - Find in CB: 콘텐츠 브라우저에서 이 애셋을 검색하고 선택한다.
  - Params: 부모 머티리얼로부터 모든 파라미터를 가져온다.
  - Mobile Stats: 모바일용 머티리얼 스탯을 토글한다.
- Details(2): 부모 머티리얼의 파라미터와 머티리얼 인스턴스의 다른 속성을 모두 표시한다. 여기서 피직스physics 머티리얼을 할당하고 블렌드 모드, 양면two-sided 등과 같은 부모 머티리얼의 기본 속성을 오버라이딩할 수 있다.

- Instance parents(3): 메인 마스터 머티리얼로 이어지는 경로의 모든 부모들을 볼 수 있다. 현재 수정 중인 인스턴스는 볼드로 보인다.
- Viewport(4): 뷰포트는 메시의 머티리얼을 보여준다. 그래서 실시간으로 변화를 볼 수 있다. 상단 오른쪽 가장자리에서 미리보기 모습을 바꿀 수 있으며, 이는 머티리얼 에디터에 있던 것과 동일하다.

머티리얼 인스턴스 상수 예제

머티리얼이 동작하도록 만들려면 파라미터를 가진 마스터 머티리얼이 필요하다. 플레이어와의 거리에 따라 색상이 바뀌는 간단한 머티리얼을 만들어보자. 플레이어와 메시가 가까이 있다면 빨간색으로, 멀어지면 다른 색으로 바뀌도록 하자. UE4에는 21개의 파라미터 표현이 있다.

이제부터 다음 두 개의 일반common 파라미터를 다룰 것이다.

- 스칼라 파라미터
- 벡터 파라미터

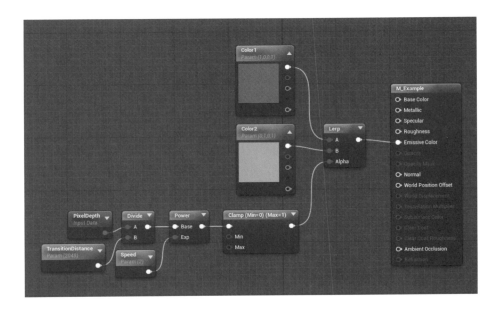

위 스크린샷에서 보듯이 벡터 파라미터 두 개(Color1, Color2)와 스칼라 파라미터 두 개(TransitionDistance, Speed)를 생성했다. 이 파라미터를 사용해 실시간으로 수정할 것이다. 이 머티리얼의 인스턴스를 생성하기 위해서는 콘텐츠 브라우저에서 머티리얼을 우클릭하고 Create Material Instance를 선택한다. 이 머티리얼의 바로 오른쪽에 새로운 인스턴스 머티리얼을 생성할 것이다.

생성한 인스턴스를 열면 모든 파라미터들이 있는 것을 볼 수 있고, 머티리얼이 재컴파일되길 기다릴 필요 없이 실시간으로 수정할 수 있다.

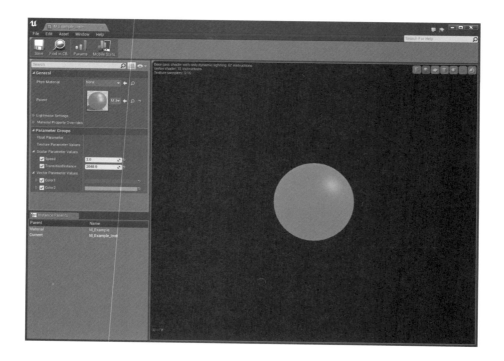

머티리얼 인스턴스에서 값을 바꾸려면 우선 오버라이딩해야 한다. 값을 오버라이딩하려면 파라미터 근처의 체크박스를 클릭해야 한다. 다음 스크린샷을 참고하자.

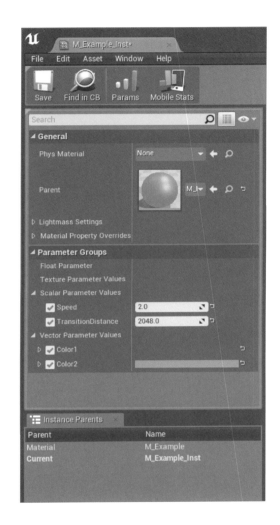

머티리얼 함수

머티리얼 함수는 여러 개의 머티리얼을 교차하는 데 사용할 수 있는 노드들의 세트를 포함하고 있는 그래프다. 자주 복잡한 네트워크를 만드는 것을 발견했다면, 머티리얼 함수를 만들어 복잡한 네트워크 모두를 하나의 노드 안에 넣는 편이 좋다. 여기서 한 가지 염두에 둬야 할 점은 머티리얼 함수는 어떠한 파라미터 노드

(스칼라 파라미터, 벡터 파라미터, 텍스처 파라미터 등)를 포함할 수 없다는 것이다. **머티리얼** 함수로 데이터를 전달하려면 특별한 FunctionInput 노드를 사용해야 한다. 이와 비슷하게, 머티리얼 함수에서 데이터를 가져오려면 FunctionOutput 노드를 사용해야 한다. 기본적으로 머티리얼 함수는 하나의 출력을 생성하지만 원한다면 늘릴 수도 있다.

머티리얼 함수의 UI는 머티리얼 에디터와 거의 비슷하다. 디테일 패널을 확인하면 대부분의 머티리얼 함수에서 도움을 줄 수 있는 몇몇 옵션들을 볼 수 있다. 옵션들을 살펴보자.

- Description: 머티리얼 그래프의 해당 함수 노드 위에 마우스를 올려놓으면 툴팁으로 나타난다.
- Expose to Library: 활성화하면 머티리얼 그래프에서 우클릭했을 때 머티리얼 함수를 보여준다.
- Library Categories: 이 함수가 속하는 모든 카테고리를 보여준다. 기본적으로 Misc 카테고리에 속하지만 변경할 수 있고 원하는 만큼 카테고리를 추가할 수 있다.

 머티리얼 함수는 밖에서 적용할 수 없으므로 머티리얼 함수를 사용하고 싶다면 머티리얼 내에서 사용해야만 한다.

머티리얼 함수 예제

머티리얼 함수를 만들려면 우선 콘텐츠 브라우저에서 우클릭한 후에 Materials & Textures로 이동해 Material Function을 선택한다.

이 예제에서는 노멀 맵의 Intensity를 증가시킬 수 있는 Normal Map Adjuster라는 이름의 머티리얼 함수를 생성할 것이다. 이러한 함수를 생성하는 데 필요한 것을 살펴보자.

- Texture [INPUT]: 수정해야 할 텍스처를 전달해야 한다.
- Intensity [INPUT]: 노멀 맵의 강도를 어떻게 해야 할지도 전달해야 한다. 0은 노멀 맵에서 변화가 없고, 1은 노멀 이펙트 부스트를 의미한다.
- Result [OUTPUT]: 최종적으로 머티리얼의 노멀 채널과 연결할 수 있는 결과를 출력한다.

 최종 결과 노드(result)는 원하는 이름으로 다시 지을 수 있다. 노드를 선택하고 디테일 패널에서 Output Name을 변경한다.

머티리얼 함수를 열고 그래프에서 우클릭한 후 입력을 위해 검색하자.

FunctionInput 노드를 선택한다. 디테일 패널에서 선택한 입력 노드에 대한 몇몇 속성을 볼 수 있다.

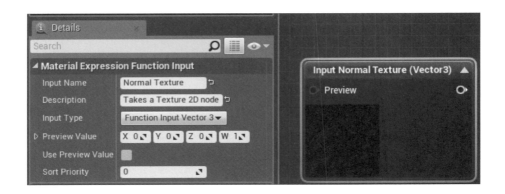

이 설정을 살펴보자.

- Input Name: 입력을 위한 이름이며 원하는 대로 지을 수 있다. 여기서는 Normal Texture라고 짓겠다.
- Description: 머티리얼 그래프 내의 이 입력에 마우스를 올리면 나타날 툴팁이다.
- Input Type: 노드의 입력 타입을 설정한다.
- Preview Value: 머티리얼 그래프와 연결되지 않은 경우에 사용할 값이다. Use Preview Value as Default가 선택됐을 경우에만 사용된다.
- Use Preview Value as Default: 체크됐다면 Preview Value를 사용하며 이 입력을 옵션으로 마크할 것이다. 그래서 이 함수를 사용할 때 이 입력을 연결되지 않은 채로 내버려둘 수 있다. 그러나 이 옵션을 비활성화하면 머티리얼 그래프에서 이 함수와 필요한 노드를 연결해야 한다.
- Sort Priority: 이 입력을 다른 입력 노드와의 관계로 정렬한다.

노멀 이펙트 부스트를 위한 간단한 네트워크를 만들어보자. 다음 스크린샷을 살펴보자.

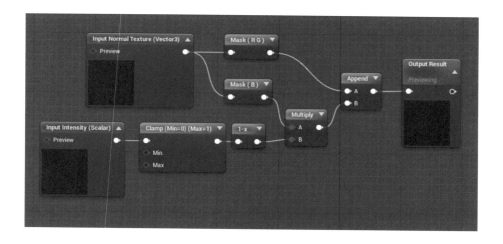

여기서 빨강, 초록, 파랑 채널을 각각 분리했다. 분리한 이유는 노멀 이펙트 강화를 위해 파랑 채널만 (스칼라 입력 값과) Intensity를 곱해야 하기 때문이다. Intensity는 0에서 1 사이여야 하며 1-x 노드를 사용해 반전된다. 머티리얼에서 머티리얼 함수를 사용할 때 기본값으로 0을, 이펙트 강화를 위해 1을 사용하기 때문이다. −1 노드가 없으면 반대로 0이 이펙트 강화, 1이 기본값이 될 것이다.

함수가 완성됐다면 툴바의 Save 버튼을 누르자.

 저장하면 자동으로 머티리얼을 컴파일한다.

이제 머티리얼에 넣자. 머티리얼 그래프에서 우클릭한 다음 NormalMapAdjuster를 검색하자. 이제 남은 일은 노멀 맵과 스칼라 파라미터를 NormalMapAdjuster와 잇고 노멀 채널에 연결하는 것이다.

 컨텍스트 메뉴에서 보이지 않는다면 머티리얼 함수의 Expose to Library가 활성화됐는지 확인하자.

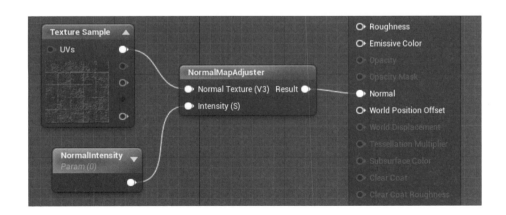

머티리얼 인스턴스에서 NormalIntensity를 실시간으로 조절할 수 있다.

레이어 머티리얼

레이어 머티리얼Layered Material은 기본적으로 머티리얼 내의 머티리얼이며 머티리얼 함수의 확장처럼 존재한다. 기본적인 흐름은 다음과 같다. 머티리얼 생성 속성(기본 색상이나 Metallic, Specular, Roughness 등과 같은 모든 머티리얼 속성)을 생성하고 노드와 연결한다. MakeMaterialAttributes의 출력과 Output Result 노드의 입력을 연결한다.

레이어 머티리얼은 애셋이 여러 머티리얼의 레이어를 가지고 있을 때 가장 효율적이다. 예를 들어 금속 갑옷, 가죽 장갑, 피부 등 여러 가지 요소를 가진 캐릭터에 대해 생각해보자. 이 머티리얼을 각자 정의하고 일반적인 방법으로 합치려고 하면 머티리얼 복잡도가 크게 증가할 것이다. 이런 경우에 레이어 머티리얼을 사용하면 싱글 노드에서 각각의 머티리얼을 정의하고 아주 쉽게 합칠 수 있다.

머티리얼 속성 생성을 사용해 레이어 머티리얼 생성하기

이 예제에서는 두 개의 간단한 레이어 머티리얼을 생성하고 그 둘을 섞어 최종 머티리얼을 만들 것이다. 우선 머티리얼 함수를 생성하고 연다. 머티리얼 함수에서 다음 과정을 수행한다.

1. 그래프 에디터에서 우클릭하고 MakeMaterialAttributes를 검색한 후 메뉴에서 노드를 선택한다.

2. Constant3Vector 노드를 생성하고 MakeMaterialAttributes의 BaseColor와 연결한다.

3. 상수를 생성하고 MakeMaterialAttributes의 Metallic과 연결한다.

4. 하나 이상의 상수를 새로 만들고 MakeMaterialAttributes의 Roughness와 연결한다.

5. 마지막으로 MakeMaterialAttributes를 머티리얼 함수의 출력과 연결한다.

최종 머티리얼 함수는 다음과 같을 것이다. 상수 노드를 사용한 부분을 자세히 보라.

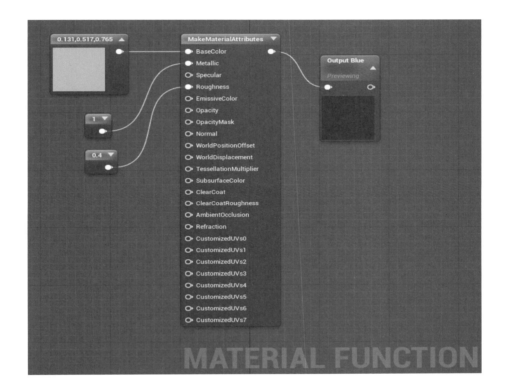

Metallic으로 하고 싶었기 때문에 Metallic을 1로 설정했다.

이 머티리얼 함수의 복제본을 생성한 후 다른 색을 가진 비금속[non-metallic] 머티리얼로 만든다. 다음 이미지를 보자.

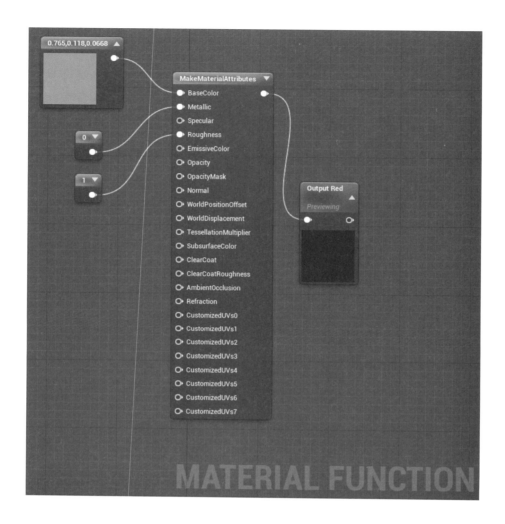

이것은 금속 재질이 아닌 머티리얼이며, 이 두 머티리얼을 기본 Material Layer Blend 함수를 사용해 머티리얼 에디터에서 합칠 것이다.

각각의 머티리얼 함수를 공개해 머티리얼 에디터에서 사용할 수 있게 하자.

콘텐츠 브라우저에서 이미 있는 머티리얼을 열거나 새로 하나를 생성한 후 열자.

1. 그래프를 우클릭한 다음 머티리얼 함수를 검색한다(둘 다 선택한다).

2. 그래프를 다시 우클릭하고 MatLayerBlend_ Simple을 검색한 다음 선택한다.

3. 머티리얼 함수를 MatLayerBlend_Simple과 연결한다. 함수 하나는 베이스 머티리얼과 연결하고 다른 하나는 톱 머티리얼과 연결한다.

4. 이제 두 머티리얼을 섞기 위해 알파(스칼라) 값이 필요하다. 1의 값(흰색)은 베이스 머티리얼을 출력할 것이고, 0은 톱 머티리얼을 출력할 것이다. 0.5는 베이스와 톱 머티리얼을 섞어 출력할 것이다.

레이어 머티리얼을 사용 중이므로 다른 노드와 같이 머티리얼 에디터에서 바로 연결할 수 없다. 연결하는 방법은 두 가지다.

메소드 1:

일반 노드 대신 머티리얼 속성을 사용할 수 있다. 이 기능을 사용하려면 그래프의 아무 곳이나 클릭하고 디테일 패널에서 Use Material Attributes를 선택한다.

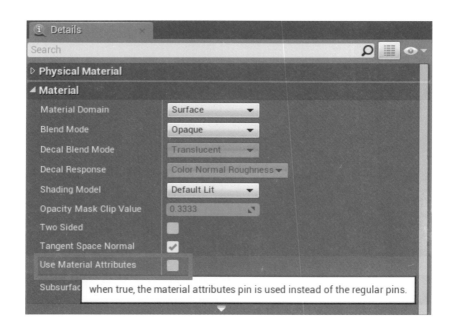

활성화하면 메인 머티리얼 노드는 머티리얼 속성[Material attribute]이라 불리는 노드 하나만을 보여줄 것이다. 이 노드와 MatLayerBlend_Simple의 출력을 연결하면 된다. 다음 스크린샷의 마지막 머티리얼이 이 메소드를 사용한다.

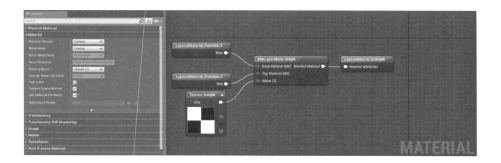

메소드 2:

이 메소드에서는 메인 노드로 머티리얼 속성을 사용하는 대신에 BreakMaterial Attributes를 사용하고 일반 노드와 연결한다.

1. 그래프를 우클릭하고 BreakMaterialAttributes를 검색한 후 선택한다.

2. MatLayerBlend_Simple의 모든 출력을 BreakMaterialAttributes와 연결한다.

3. 그리고 마지막으로 BreakMaterialAttributes의 모든 출력 노드를 머티리얼 에디터의 메인 노드와 연결한다.

다음 스크린샷의 마지막 머티리얼이 이 메소드를 사용한다.

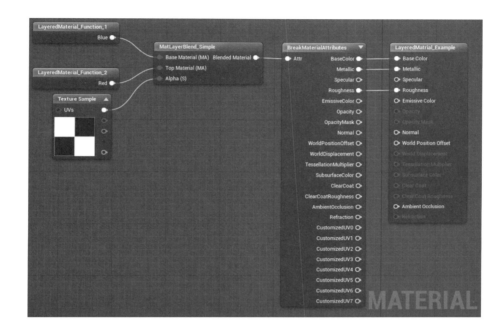

요약

4장에서는 포스트 프로세싱 테크닉을 사용해 씬의 모양새를 보기 좋게 할 것이다. 또한 간단한 머티리얼을 만들어 포스트 프로세스 머티리얼에서 사용할 것이다.

4
포스트 프로세스

언리얼 엔진 4에서 포스트 프로세스^{Post Process}는 다양한 예술적 이펙트를 생성하고 전반적인 게임의 생김새와 느낌을 바꾸도록 돕는다. 포스트 프로세스 효과는 포스트 프로세스 볼륨을 사용해 활성화되며, 특정 영역에서만 나타나도록 하거나 전체 씬에서 사용할 수 있다. 또한 여러 개의 포스트 프로세스 볼륨 오버래핑을 가질 수 있으며 우선순위에 따라 각각의 이펙트를 렌더링할 수 있다. 포스트 프로세스 볼륨은 블룸^{Bloon}, 렌즈 플레어^{Lens Flare}, 눈 순응^{Eye Adaptation}, 필드 깊이^{Depth of Field} 등과 같은 간단한 이펙트를 추가하거나 수정하는 데 사용할 수 있으며, 머티리얼을 사용한 복잡한 이펙트를 사용할 수도 있다. 포스트 프로세스 볼륨의 또 다른 장점으로는 룩업 테이블^{LUT}을 꼽을 수 있다. 이는 어도비 포토샵이나 김프 같은 이미지 편집 소프트웨어로부터 색상 트랜스포메이션을 저장하는 데 사용되며, 설정하기 매우 쉽고 아주 좋은 결과를 얻을 수 있다. 4장의 후반부에서 LUT에 대해 살펴볼 것이다.

스타터 콘텐츠 없이 프로젝트를 처음 시작하면, 씬에는 포스트 프로세스 볼륨이 없기 때문에 엔진은 기본 설정을 사용할 것이다. 프로젝트 세팅에서는 프로젝트별로 세팅을 변경할 수 있다.

1. 메뉴 바에서 Edit를 선택한다.

2. Project Settings를 클릭한다.

3. Rendering section으로 이동한다.

4. Default Postprocessing Settings를 확장한다.

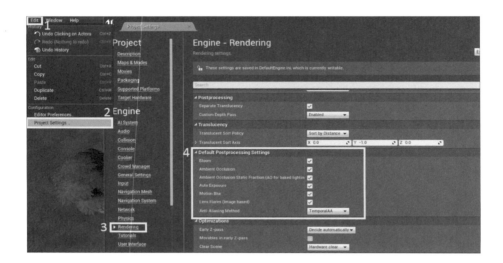

씬에서 포스트 프로세스 볼륨이 없을 때 사용하는 기본 설정을 보여준다. 이 세팅을 변경하거나 포스트 프로세스 볼륨을 추가해 독립적으로 오버라이딩할 수 있다.

포스트 프로세스 추가

포스트 프로세스를 사용하려면 씬에 포스트 프로세스 볼륨을 추가해야 한다.

1. Modes 탭으로 이동한다(닫아버렸다면 Shift+1을 누른다).

2. Volumes 탭을 선택한다.

3. 포스트 프로세스 볼륨을 씬으로 끌어다 놓는다.

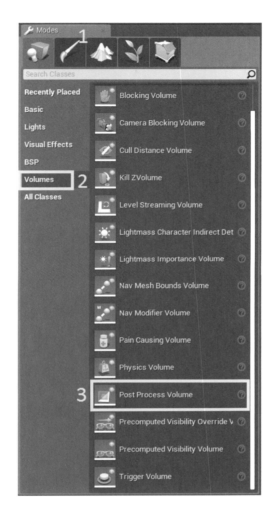

이제 씬에 포스트 프로세스 볼륨이 있다. 그러나 플레이어가 볼륨 내에 있을 때만 효과를 보여준다. 씬 전체에 적용하려면 다음 과정을 수행한다.

1. 포스트 프로세스 볼륨을 선택한다.

2. 디테일 패널에서 포스트 프로세스 볼륨 영역으로 내려가 확장한다.

3. Unbound를 활성화한다.

언바운드 활성화는 볼륨의 바운드를 무시하고 씬 전체에 영향을 끼친다. 이제 포스트 프로세스 세팅들을 간단히 살펴보자.

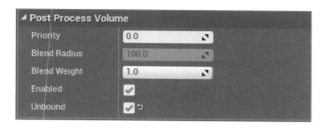

- Priority: 여러 볼륨이 각각 겹쳐져 있을 때 높은 우선순위를 가진 볼륨이 낮은 것보다 우선한다.
- Blend Radius: 블렌딩에 사용하는 볼륨의 범위다. 일반적으로 100의 값이 가장 좋다. 언바운드 활성화를 선택하면 무시된다.
- Blend Weight: 설정의 영향을 정의한다. 0은 효과 없음을 뜻하고, 1은 전체 효과를 뜻한다.
- Enabled: 해당 볼륨을 활성화하거나 비활성화한다.
- Unbound: 활성화하면 포스트 프로세스 효과는 이 볼륨의 바운드를 무시하고 전체 씬에 영향을 끼친다.

LUT

LUT는 256×16 크기의 텍스처로 포장되지 않은 색상 뉴트럴 텍스처[color neutral texture]다. 이는 특별한 예술적 효과를 생성하는 데 사용되며, 어도비 포토샵 같은 이미지 편집 소프트웨어를 사용해 수정할 수 있다. 포토샵에 익숙하지 않다면 김프 같은 무료 오픈소스 소프트웨어를 사용해도 된다. 다음은 기본 LUT 텍스처의 이미지다.

LUT의 과정은 다음과 같다.

1. 우선 월드의 스크린샷을 찍어 포토샵으로 가져온다.

2. 스크린샷 상단에 LUT 텍스처를 추가한다.

3. 양쪽 상단에 색 조작^{color manipulation}을 적용한다(예: 레이어 조절).

4. 이제 LUT 텍스처를 선택하고 색 조작을 PNG 혹은 TGA로 저장한다.

5. 마지막으로, 언리얼 엔진으로 LUT를 임포트한다.

 콘텐츠 브라우저로 LUT를 임포트한 후에는 그것을 열어 ColorLookupTable의 텍스처 그룹으로 설정해야 한다. 이것은 중요한 과정이며 생략해서는 안 된다.

LUT를 적용하려면 포스트 프로세스 볼륨을 선택하고 씬 컬러 섹션 아래의 컬러 그레이딩을 활성화한 후 LUT 텍스처를 설정한다.

Color Grading Intensity 옵션이 있다면 효과의 강도를 조절할 수 있다.

포스트 프로세스 머티리얼

포스트 프로세스 머티리얼은 머티리얼 에디터에서 커스텀 포스트 프로세싱을 생성하는 것을 돕는다. 이를 위해 원하는 효과를 가진 머티리얼을 생성하고 포스트 프로세스 볼륨의 Blendables에 적용해야 한다. 더하기 기호를 눌러 슬롯을 추가하자.

포스트 프로세스 머티리얼에 대해 설명하기 전에 머티리얼 에디터의 가장 중요한 포스트 프로세스 노드 중 하나를 간단히 살펴보자.

- Scene Texture: 이 노드는 다른 텍스처를 출력하는 여러 선택을 가지고 있다.

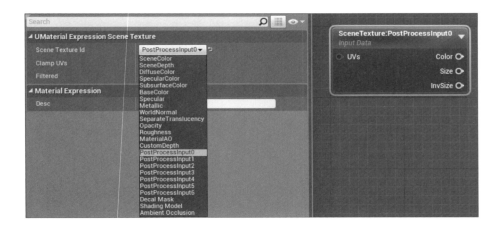

- UVs(선택적): 이 입력은 텍스처를 타일링한다. 씬 텍스처 노드의 UV 작업을 위해 일반적인 Texture Coordinate 노드보다 ScreenPosition 노드를 사용하는 것이 좋다.

- Color: 최종 텍스처를 RGBA로 출력한다. 색상을 곱하고 싶다면 우선 컴포넌트 마스크를 사용해 R, G, B를 추출한 후 색상과 곱해야 한다.
- Size: 이것은 텍스처의 크기(너비, 높이)를 출력한다.
- InvSize: 크기 출력을 뒤집는다(1/너비와 1/높이).

 정말로 필요할 때만 포스트 프로세스 머티리얼을 사용해야 한다. 색상 검출과 다른 다양한 효과를 위해서는 포스트 프로세스의 볼륨을 잘 조절해야 한다. 그래야 좀 더 효과적이고 최적화된다.

포스트 프로세스 머티리얼 생성하기

포스트 프로세스 머티리얼로 자신만의 커스텀 포스트 프로세싱 이펙트를 만들 수 있다. 다음과 같은 예제가 있다.

- 게임 내의 특정 오브젝트 하이라이팅
- 가려진 오브젝트 렌더링
- 경계 체크 등

이 빠른 예제에서는 월드 내 오브젝트를 하이라이트하는 방법을 알아볼 것이다. 특정 오브젝트를 각각 렌더링하려면 커스텀 깊이 버퍼에 넣어야 한다. 좋은 점이라면 체크박스에 클릭만 하면 될 정도로 쉽다는 것이다.

렌더링 섹션 아래의 스태틱 메시를 선택하고 옵션을 확장한 후 Render Custom Depth를 활성화한다.

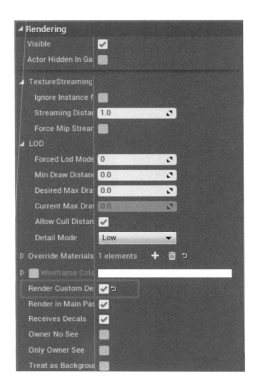

이제 메시는 CustomDepth 버퍼에서 렌더링될 것이다. 머티리얼 에디터 내의 이 정보를 마스크 아웃하고 각각 렌더링하는 데 사용할 수 있다. 다음 과정을 따라 가자.

1. 새 머티리얼을 생성하고 연다.

2. 가장 먼저 머티리얼 도메인을 포스트 프로세스로 설정한다. 이것은 Emissive Color를 제외한 모든 입력을 비활성화한다.

3. 이제 그래프에서 우클릭한 후 SceneTexture를 검색하고 선택하자. Scene Texture Id를 CustomDepth로 설정한다.

4. CustomDepth가 원래 값을 출력하므로 원하는 거리로 나누자.

5. Divide 노드를 새로 추가하고 CustomDepth와 input A로 연결한다. Divide 노드를 선택하고 상수 B에 높은 값을 넣는다(100000000 같은). 1 언리얼 유닛은

1cm와 같으므로 100이나 1000 같은 작은 값을 주면 효과를 보기 위해 오브젝트에 아주 가까이 접근해야 한다. 높은 값을 주는 이유다.

6. Clamp 노드를 추가하고 Divide와 Clamp 노드의 첫 번째 입력을 연결한다.

7. Lerp 노드를 생성하고 Clamp의 출력을 Lerp의 알파 출력과 연결한다. Lerp 노드는 알파 값을 기준으로 입력 A와 B의 값을 섞는다. 알파가 1이면 입력 A가 사용된다. 0이면 B가 사용된다.

8. 또 다른 씬 텍스처 노드를 생성하고 씬 텍스처 ID를 PostProcessInput0로 설정한다. PostProcessInput0는 최종 HDR 색상을 출력하므로 사용 가능하다. SceneColor라고 불리는 또 다른 출력이 있는데, 이는 같은 기능을 하지만 PostProcessInput0를 사용하는 것보다는 낮은 퀄리티의 씬을 출력한다.

9. 그래프에서 다시 우클릭한 후 Desaturation 노드를 검색한다. PostProcessInput0 색상 출력을 Desaturation 입력과 연결한다. 이것을 사용해 CustomDepth를 사용한 메시 외 전체 씬의 채도를 조절할 것이다.

10. Desaturation 출력을 Lerp B와 연결하고 PostProcessInput0를 Lerp A와 연결한다. 마지막으로 Lerp를 Emissive Color와 연결한다.

다음은 전체 그래프의 최종 모습을 보여주는 스크린샷이다.

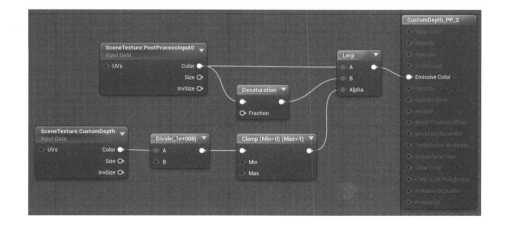

이 예제 씬에서 머티리얼을 포스트 프로세스의 Blendables로 적용했으므로 이펙트를 볼 수 있다.

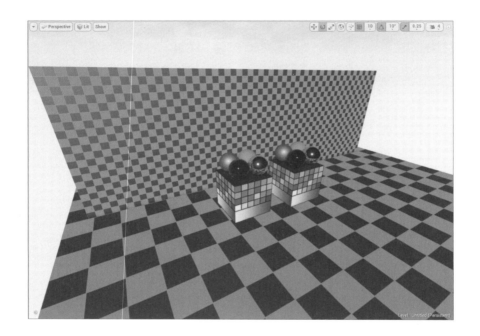

색상을 가진 모든 것은 Render Custom Depth가 활성화돼 있으므로, 포스트 프로세스 머티리얼이 그것들을 마스킹해 전체 씬으로 채도를 적용할 것이다.

요약

5장에서는 빛을 추가하고 라이트 모빌리티Light Mobility, 라이트매스Lightmass, 다이내믹 라이트Dynamic Light에 대해 살펴볼 것이다.

라이트

라이팅^{lighting}은 게임에서 중요한 요소다. 이는 쉽게 과장돼 보일 수 있으며 잘못 사용하면 성능에 다소 영향을 미칠 수 있다. 그러나 좀 더 좋은 설정과 포스트 프로세스와의 결합을 통해 매우 아름답고 실제적인 씬을 만들 수 있다.

5장에서는 다양한 라이트 모빌리티를 살펴보고, 에픽에서 스태틱 글로벌 일루미네이션 솔버^{static Global Illumination solver}로 만든 라이트매스 글로벌 일루미네이션 ^{Lightmass Global Illumination}에 대해 자세히 알아본다. 또한 사용할 애셋을 준비하는 법도 배울 것이다.

라이팅의 기본

이 절에서는 라이트를 배치하는 방법과 몇몇 중요한 값을 조절하는 방법에 대해 알아본다.

라이트 배치

언리얼 엔진 4에서 라이트는 두 가지 방법으로 배치할 수 있다. 모드 탭을 통하거나 레벨을 우클릭한다.

- 모드 탭: 모드 탭에서 place 탭(Shift+1)으로 이동한 후 Lights 섹션으로 간다. 거기서 다양한 빛을 끌어다 놓을 수 있다.

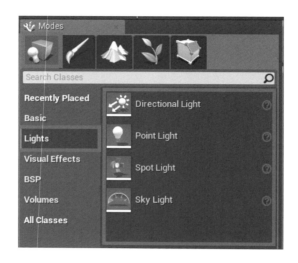

- 우클릭: 뷰포트에서 우클릭하고 선택한 라이트를 액터로 배치한다.

라이트가 레벨에 추가되면 트랜스폼 도구(W로 이동, E로 회전)를 사용해 선택한 빛의 위치와 방향을 조절할 수 있다.

 디렉셔널 라이트(Directional Light)는 무한의 광원으로부터 빛을 발하므로 위치를 변경해도 변화가 없다.

다양한 라이트

언리얼 엔진 4는 네 가지 종류의 라이트 액터를 제공한다. 목록은 다음과 같다.

* Directional Light: 무한히 멀리 있는 광원으로부터의 빛을 시뮬레이션한다. 이 라이트에 의해 생기는 모든 그림자는 복제되므로 태양 대신 사용하는 것이 좋은 선택이라고 할 수 있다.
* Spot Light: 콘cone 모양의 한 점에서 빛을 내뿜는다. 콘은 두 가지가 있다(내부 콘과 외부 콘). 내부 콘 내에서 라이트는 최대 밝기며, 내부 콘과 외부 콘 사이에서는 조명이 부드럽게 되는 폴오프falloff가 발생한다. 내부 콘을 넘어갈 경우 라이트는 외부 콘으로 가면 갈수록 밝기를 조금씩 잃는다는 뜻이다.
* Point Light: 전구와 같이 한 점에서 전 방향으로 빛을 내뿜는다.
* Sky Light: 실제로 빛을 발생시키진 않지만 그 대신 씬의 먼 부분(예를 들어 하늘의 임계 값 너머에 있는 액터)을 캡처해 라이트로 적용한다. 라이트가 먼 하늘이나 산에서 오도록 할 수 있다는 뜻이다. Sky Light는 라이트를 리빌드하거나 Recapture Scene(Sky Light가 선택된 상태에서 디테일 패널에 있음)을 누를 때만 업데이트된다.

일반 라이트 세팅

씬에 라이트를 배치하는 방법을 배웠으니 라이트의 일반 설정 중 일부를 살펴보자. 씬에서 라이트를 선택하면 디테일 패널에서 다음 설정을 볼 수 있다.

* Intensity: 빛의 밝기(에너지)를 결정한다. 루멘lumen 단위를 사용한다. 예를 들어 1,700lm은 100W 전구에 해당한다.
* Light Color: 빛의 색을 결정한다.

- Attenuation Radius: 빛의 한계를 설정한다. 또한 빛의 폴오프를 계산한다. 이 설정은 포인트 라이트와 스포트라이트에서만 가능하다.

Attenuation Radius(왼쪽부터 100, 200, 500)

- Source Radius: 표면에서 반사되는 하이라이트의 크기를 정한다.

  이 효과는 Min Roughness 설정을 조절함에 따라 줄어들 수도 있다. 또한 라이트매스를 사용한 라이트를 만드는 데 영향을 준다. 소스 크기가 커질수록 그림자는 부드러워진다. 이것은 라이트매스로 진행되기 때문에 라이트 모빌리티를 스태틱으로 설정했을 때만 작동할 것이다.

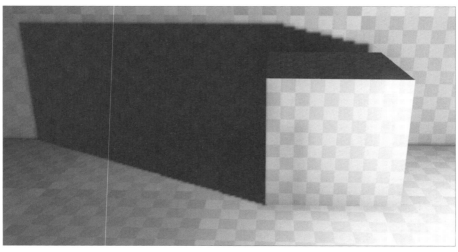

Source Radius 0. 그림자의 경계가 명확한 것을 확인하라.

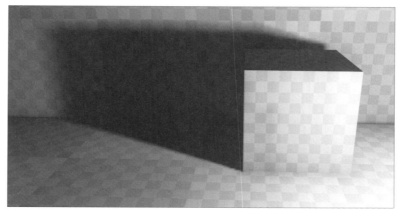

Source Radius 5. 그림자 경계가 부드러워진 것을 확인하라.

- Source Length: Source Radius와 동일하다.

라이트 모빌리티

라이트 모빌리티Light mobility는 레벨에 라이트를 배치할 때 염두에 둬야 하는 중요한 설정이다. 이 값이 변하면 빛이 작동하는 방법이 달라지고 성능에 영향을 미치기 때문이다. 선택 가능한 세팅에는 세 가지가 있다. 목록은 다음과 같다.

- Static: 성능에 영향을 주지 않는 완벽한 스태틱 라이트다. 이 종류의 라이트는 다이내믹 오브젝트(캐릭터, 움직이는 오브젝트 등)에 반사되거나 그림자를 생성하지 않는다. 예를 들면, 플레이어가 절대 도달할 수 없는 먼 도시 풍경이나 천장 등에 사용한다. 이론적으로는 수백만 개의 스태틱 모빌리티 라이트를 가질 수 있다.

- Stationary: 스태틱과 다이내믹 라이트의 혼합 형태며 게임 중에 색상이나 밝기를 변경할 수 있지만 이동하거나 회전하지는 못한다. 스테이셔너리Stationary 라이트는 다이내믹 오브젝트와 상호작용할 수 있으며 플레이어가 갈 수 있는 곳에 사용된다.

- Movable: 완벽한 다이내믹 라이트며 모든 속성은 런타임 때 바꿀 수 있다. 무버블Movable 라이트는 성능상 좀 더 무거우므로 아껴서 사용해야 한다.

네 개 이하의 스테이셔너리 라이트만이 각각을 뒤덮을 수 있도록 허용돼 있다. 네 개를 초과해 겹치는 스테이셔너리 라이트가 있다면 라이트 아이콘은 빨간 X 로 변한다. 이는 다이내믹 섀도우를 사용하는 라이트가 심각한 성능 비용을 소모 하고 있다는 것을 뜻한다.

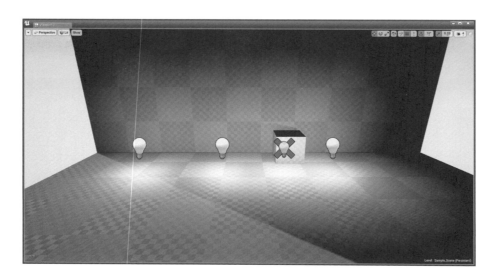

다음 스크린샷에서 겹쳐진 라이트를 쉽게 볼 수 있다.

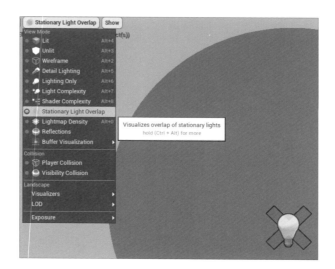

뷰 모드에서 어떤 라이트가 문제를 일으키는지 보기 위해 스테이셔너리 라이트 오버랩을 바꿀 수 있다.

라이트매스 글로벌 일루미네이션

라이트매스는 에픽이 만든 높은 품질의 스태틱 글로벌 일루미네이션 해결법이다. 글로벌 일루미네이션GI, Global Illumination은 간접 조명(반사되는 빛이나 표면의 색 번짐 등)을 시뮬레이션하는 것이다. 언리얼 엔진에서 라이트 바운스는 기본적으로 라이트매스를 가지고 있으며 머티리얼의 기본 색상을 기준으로 하고 있다. 이는 라이트가 오브젝트의 표면으로부터 얼마나 반사돼야 할지를 조절한다. 더 가득 찬 색이 빛을 좀 더 많이 반사하고 덜 가득 찬 색이 덜 반사하긴 하지만, 이 모든 것은 씬과 연관돼 있다. 간단한 방 같은 씬에서는 눈에 띌 수 있지만, 야외 씬 같은 곳에서는 눈에 띄지 않을 수 있다.

다음 씬을 살펴보자.

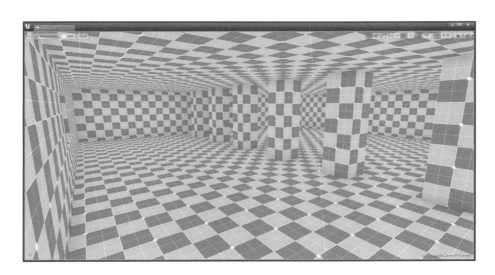

unlit 모드의 간단한 씬이다.

이제 디렉셔널 라이트를 하나 추가했고 GI가 없는 것처럼 보인다. 직접 조명이 하나뿐이며 간접 조명이 없다는 것을 뜻한다(반사되는 빛이 없다는 뜻이다).

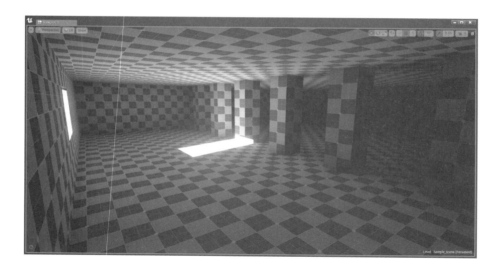

위 스크린샷은 스태틱 GI를 가지며, GI가 있는 전체 씬이 어떻게 생겼는지 보여 준다. 기둥이 그림자를 생성하는 방식을 살펴보자. 이는 간접 조명으로부터 발생하는 간접 그림자라고 불린다.

122

간접 조명의 밝기와 색은 라이트와 라이트가 반사되는 머티리얼의 기본 색상을 기반으로 한다. 이 효과를 이해하기 위해 다음 두 개의 스크린샷을 보자.

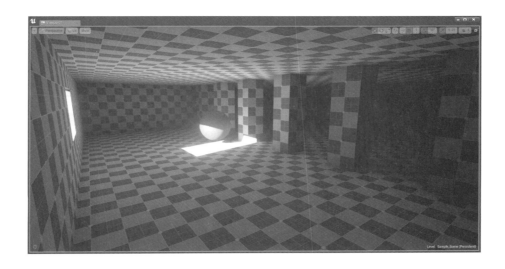

위 스크린샷에서는 구체에 빨간색(빨강 값이 1.0)을 적용했고 반사되는 빛이 환경에 따라 바뀌는 빨간 구체의 기본 색상을 가져오는 것을 볼 수 있다. 이것은 컬러 블리딩^{color bleeding}이라고 불리며 채도가 높은 색을 사용할 때 가장 눈에 띈다.

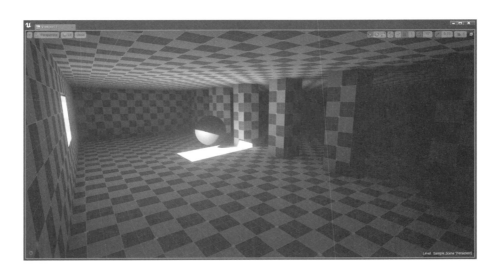

위 스크린샷에서는 빨강의 값을 0.1로 바꾸고 라이팅을 리빌드했다. 빨강이 어두워질수록 좀 더 적은 빛이 반사된다. 어두운 색상은 빛을 반사하는 대신에 흡수할 것이기 때문이다.

이제 라이트매스가 무엇인지 알게 됐으므로, 라이트매스를 사용하기 위해 애셋을 준비하는 방법과 라이트매스 세팅에 대해 더 알아보자.

선처리 라이팅을 위한 애셋 준비하기

깔끔한 빛과 그림자 디테일을 가지는 애셋을 위해서는 어둠과 빛 정보를 받을 자신만의 정보를 제공하는 특별하게 언랩된 UV를 반드시 가져야 한다. 라이트맵 UV를 만들 때의 한 가지 중요한 규칙은 UV 페이스face는 다른 UV 스페이스 내의 다른 페이스와 겹치지 않아야 한다는 것이다. 만약 겹치면 라이트 빌딩 후에 라이트맵이 일치하는 공간은 두 페이스에 적용되므로, 이로 인해 부정확한 라이팅과 그림자 에러가 발생한다. 텍스처 해상도가 각 페이스마다 더 높을 것이기 때문에 페이스 오버래핑은 노멀 텍스처 UV에 좋다. 그러나 라이트맵 UV에는 같은 규칙이 적용되지 않는다. 3D 프로그램에서 새 채널을 위해 라이트맵 UV를 언랩하고 언리얼에서 그 채널을 사용한다.

라이트맵을 위해 메시에서 두 번째 채널을 사용하는 것을 볼 수 있다.

 대부분의 3D 프로그램이 1부터 시작하지만 언리얼은 0부터 센다. 3D 프로그램의 UV 채널 1은 언리얼에서 UV 채널 0이고, 채널 2는 언리얼에서 채널 1이다. 위 스크린샷에서 라이트맵 코디네이트 인덱스가 1인 것을 볼 수 있는데, 이는 메시의 두 번째 UV 채널을 사용하고 있다는 뜻이다.

언리얼 엔진 4에서 라이트맵을 만들 수 있다고 해도 깨끗한 라이트맵을 가지기 위해 3D 프로그램(오토데스크 마야, 오토데스크 3ds 맥스, 모도^{Modo} 등)에서 UV를 생성하는 것을 강력하게 권장한다. 라이트맵 UV를 만들기 전에 3D 앱의 UV 에디터에서 그리드 세팅을 설정할 필요가 있다. 128 해상도의 라이트맵이 필요한 애셋을 가지고 있다면, 그리드 세팅은 1/126(0.00793650)으로 해야 한다. 128은 라이트맵 텍스처 해상도가 될 것이다. 256, 512, 1024 등과 같은 더 높은 숫자를 이용하면 더 좋은 퀄리티의 라이트맵이 나오겠지만 메모리 사용량 역시 늘어난다. 애셋을 위해 필요로 하는 라이트맵 해상도를 결정했다면 해상도에서 2를 빼자(4를 사용해도 된다). 그 이유는 어떤 필터 블리딩 에러$^{filter\ bleeding\ error}$ 없이 정확하게 라이트매스를 계산하려면 UV 사이에 최소 2픽셀의 갭을 주는 것이 필요하기 때문이다. 그러므로 애셋이 라이트맵 해상도를 128로 사용하려고 한다면 128-2=126이 된다. 1/126을 하는 이유는 기본적으로 라이트매스가 필터링 목적으로 1픽셀의 테두리를 사용하기 때문이다.

메시를 언리얼 엔진 4로 임포트하면 스태틱 메시를 위한 라이트맵 해상도를 설정한다. 이 값은 또 다른 오브젝트가 이 오브젝트 위로 그림자를 생성할 때 그림자가 얼마나 좋게 보일지 결정한다.

라이트맵은 언리얼 엔진이 생성하는 텍스처며 씬의 맨 위에 오버레이된다. 텍스처이므로 2의 제곱이 돼야 한다(16, 32, 64, 128, 256, 512, 1024 등).

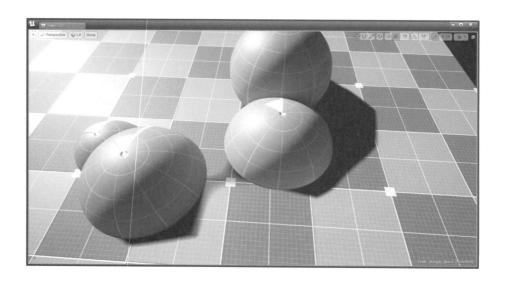

위 스크린샷의 바닥은 32 해상도의 라이트맵을 가진다. 바닥의 부정확한 그림자를 보라.

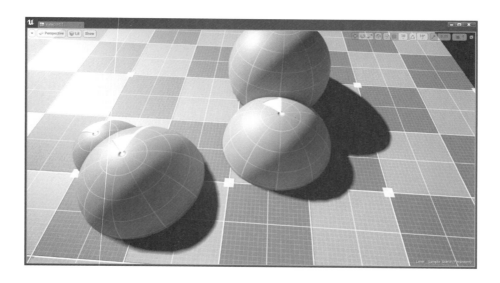

위 스크린샷의 바닥은 256 해상도의 라이트맵을 가진다. 바닥의 그림자가 좀 더 좋아졌다.

라이트맵 해상도를 올리면 정확한 그림자가 나오지만, 레벨의 모든 메시마다 증가시키는 것은 바람직하지 않다. 해상도를 올리면 올릴수록 조금씩 빌드 타임이 증가하고 에디터에 크래시가 발생할 수도 있기 때문이다. 따라서 작은 오브젝트는 해상도를 낮게 유지하는 것이 좋은 선택이다.

언리얼 엔진 4에서 Generate Lightmap UVs를 활성화해 메시를 임포트할 때 라이트맵 UV를 생성할 수 있다.

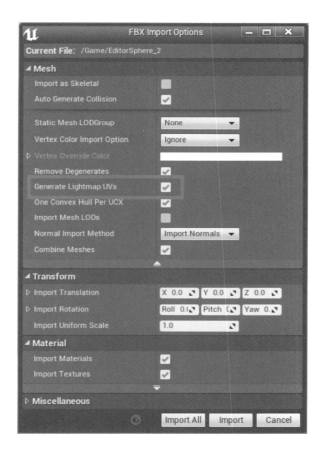

이 옵션을 놓쳤다고 해도 임포팅 후에 라이트맵 UV를 만들 수 있다. 다음 단계를 따라 하자.

1. 콘텐츠 브라우저의 스태틱 메시를 더블 클릭한다.

2. LOD 탭 아래의 Generate Lightmap UVs를 활성화한다.

3. Source Lightmap Index를 선택한다. 노멀 텍스처 UV인 경우 대부분 0이 될 것이고, 언리얼은 텍스처 UV로부터 라이트맵 UV를 생성한다.

4. Destination Lightmap Index를 설정한다. 언리얼이 새로 생성한 라이트맵 UV가 저장될 곳이다. 1로 설정하자.

5. Apply Changes를 클릭해 라이트맵 UV를 생성한다.

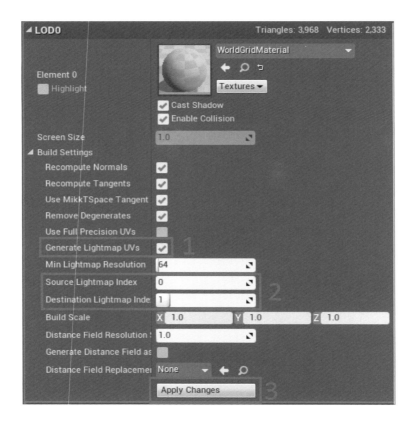

Destination Lightmap Index에서 이미 라이트맵 UV를 가지고 있다면 새로운 것을 생성할 때 교체될 것이다.

툴바의 UV 버튼을 누르고 UV 채널을 선택해 UV를 미리보기할 수 있다.

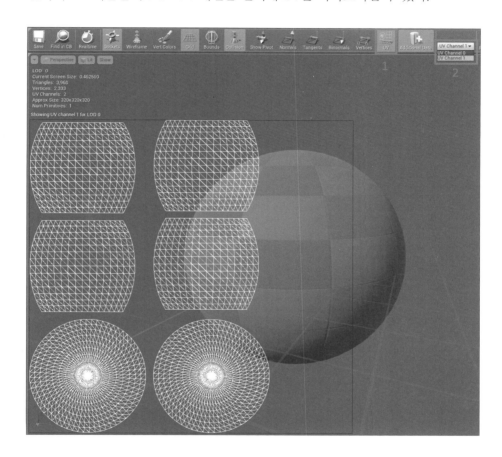

라이트매스와 함께 씬 빌드하기

라이트매스와 함께 씬을 빌드하는 것은 매우 직관적인 과정이다. 고품질의 스태틱 글로벌 일루미네이션(선처리precomputed 라이팅)을 가지기 위해서는 씬에 라이트매스 임포턴스 볼륨이 필요하다. 많은 맵에서 공간은 충분히 크지만 실제 조작 가능한 영역은 작기 때문이다. 그래서 전체 씬의 라이팅을 계산해 라이트 빌드를 무겁게 하는 대신에 라이트매스 임포턴스 볼륨을 사용해 영역을 제한하는 것이다.

씬에 라이트매스 임포턴스 볼륨이 있는 상태에서 라이트 빌드를 시작하면, 라이트매스는 볼륨 내의 라이팅만 계산할 것이다. 그리고 볼륨 외부의 모든 오브젝트는 낮은 퀄리티의 빛 반사 하나만을 가지게 될 것이다.

라이트매스 임포턴스 볼륨 내에 플레이 가능한 영역을 넣으려면 모드 탭에서 끌어다 놓기만 하면 된다. 다른 오브젝트와 마찬가지로 트랜스폼 툴(W로 이동, E로 회전, R로 스케일)을 사용해 씬에서 라이트매스 임포턴스 볼륨을 조절할 수 있다. 모든 것이 끝났다면 빌드 버튼으로 라이팅을 빌드한다.

또는 단순히 빌드 버튼을 눌러 라이팅을 빌드할 수도 있다. 라이트매스는 프리뷰, 미디엄, 하이, 프로덕션이라는 네 가지 퀄리티 레벨을 가지며, 그중 하나를 선택할 수 있다.

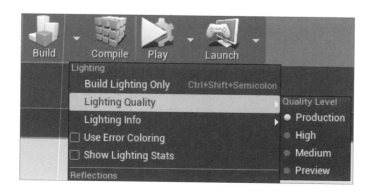

- Preview: 개발 중에 사용 가능하며 라이트 빌드가 빨라진다.
- Production: 프로젝트가 완료 직전이거나 출시 준비를 마쳤을 때 이 세팅을 사용해야 한다. 이는 씬을 더욱 사실적으로 만들어주며 여러 가지 라이트 블리드 에러[light bleed error]를 바로잡아준다.

 라이팅 퀄리티는 단순히 프리셋이며, 게임에서 원하는 효과를 얻기 위해 조절해야 하는 다양한 세팅이 있다.

라이트매스 세팅 조절하기

라이트매스는 월드 세팅에서 최고의 비주얼 퀄리티를 얻기 위해 조절 가능한 다양한 옵션을 제공한다. Settings를 클릭한 후 World Settings를 선택하면 그 옵션들에 접근할 수 있다.

World Settings에서 Lightmass Settings를 확장하면 라이트매스를 최대한 활용하기 위해 조작할 수 있는 다양한 설정을 볼 수 있다.

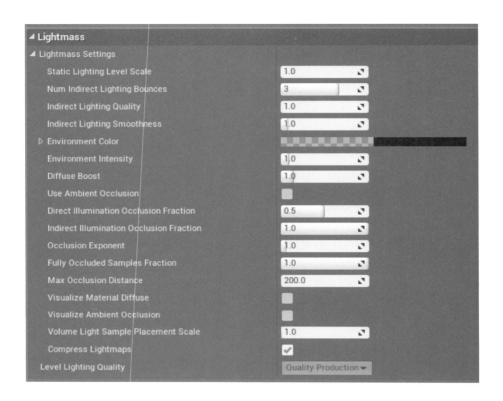

이 설정을 조절하면 라이트매스를 사용할 때 최고의 비주얼 퀄리티를 얻을 수 있다. 설정들을 살펴보자.

- Static Lighting Level: 이 설정은 라이트를 빌드할 때의 디테일을 계산한다. 작은 값은 더 많은 디테일을 가지지만 빌드 타임이 크게 증가한다. 큰 숫자는 거대한 레벨에서 빌드 시간을 낮추기 위해 사용할 수 있다.

- Num Indirect Lighting Bounces: 빛이 표면에서 반사되는 횟수를 결정한다. 0은 직접 조명뿐이며 글로벌 일루미네이션이 없다는 것을 뜻한다. 1은 간접 조명이 한 번 반사된다. 바운스 1은 비주얼 퀄리티 대부분에 기여하며, 연속 바운스는 거의 무료지만 라이트를 너무 많이 추가하지 않는 것이 좋다. 반사된 빛은 반사될 때마다 약해지기 때문이다.

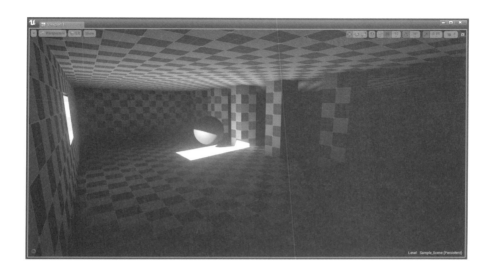

- Indirect Lighting Quality: 높은 세팅은 노이즈나 얼룩 같은 아티팩트artifact를 줄이는 결과를 가져오지만 빌드 시간을 늘린다. Indirect Lighting Smoothness와 함께 이 세팅을 사용하면 세밀한 인다이렉트 섀도우indirect shadow와 앰비언트 오클루전ambient occlusion을 얻는 데 도움이 된다.

- Indirect Lighting Smoothness: 높은 값으로 설정하면 라이트매스가 간접 라이팅을 매끈하게smooth 만들지만 간접 섀도우의 디테일을 잃는다.

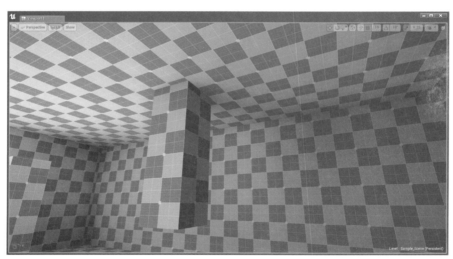

Indirect Lighting Quality와 Smoothness를 1.0으로 설정

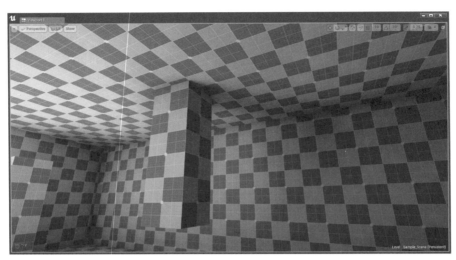

Indirect Lighting Quality: 4.0과 Indirect Lighting Smoothness: 0.5의 경우. 기둥이 생성한 그림자의 차이를 살펴보자.

- Environment Color: 이것이 레벨을 둘러싼 큰 구체며 전 방향으로 색을 방출한 다고 생각하자. HDR 환경처럼 행동한다는 뜻이다.
- Environment Intensity: Environment Color의 밝기를 조절한다.
- Diffuse Boost: 씬의 간접 라이팅 밝기를 증가시키는 효과적인 방법이다. 간접 라이팅이 표면에 반사되므로 이 값은 색의 강도를 증가시킨다.
- Use Ambient Occlusion: 스태틱 앰비언트 오클루전static ambient occlusion을 활성화 한다. 앰비언트 오클루전이 고밀도의 라이팅 샘플dense lighting sample을 필요로 하므로 프리뷰 빌드에서는 보기 좋지 않을 것이다. 따라서 프로덕션 프리셋 을 사용해 빌드할 때 앰비언트 오클루전 설정ambient occlusion settings을 조절하는 것이 좋다.
- Direct Illumination Occlusion Fraction: 앰비언트 오클루전이 얼마나 직접 라이 팅에 적용되는지를 결정한다.
- Indirect Illumination Occlusion Fraction: 앰비언트 오클루전이 얼마나 간접 라이 팅에 적용되는지를 결정한다.

- Occlusion Exponent: 높은 값은 앰비언트 오클루전 상수를 증가시킨다.
- Fully Occluded Samples Fraction: 앰비언트 오클루전이 오브젝트로서 다른 오브젝트상에 생성돼야만 하는 개수를 설정한다.
- Max Occlusion Distance: 다른 오브젝트와 오클루전을 일으키는 최대 거리다.
- Visualize Material Diffuse: 노멀 직접 라이팅과 간접 라이팅을 라이트매스로부터 익스포트된 머티리얼 디퓨즈 텀$^{material\ diffuse\ term}$으로 오버라이딩한다.

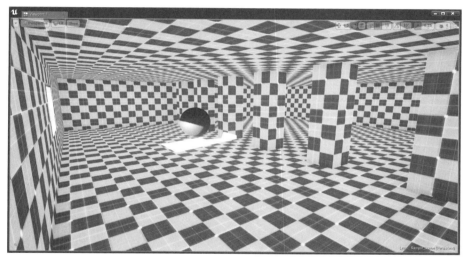

Visualize Material Diffuse 활성화

- Visualize Ambient Occlusion: 노멀 직접 라이팅과 간접 라이팅을 앰비언트 오클루전으로 오버라이딩한다. Ambient Occlusion 설정을 조절할 때 유용하다.

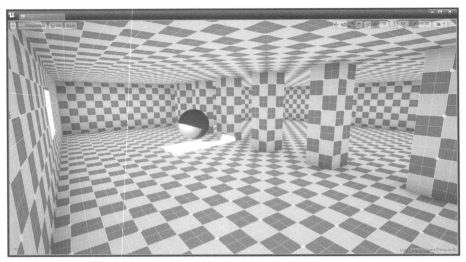

Visualize Ambient Occlusion 활성화

- **Volume Light Sample Placement Scale**: 볼륨 라이팅 샘플이 위치한 거리를 조절한다.

 모든 라이트매스 세팅은 라이트 빌드가 필요하다. 그러므로 설정을 변경했다면 적용되도록 라이트를 리빌드해야 한다.

볼륨 라이트 샘플은 라이트 빌드 후에 라이트매스에 의해 레벨에 배치되며 캐릭터 같은 다이내믹 오브젝트를 위해 사용된다. 라이트매스는 오직 스태틱 오브젝트를 위해 라이트맵을 생성하기 때문이며, 이것은 간접 라이팅 캐시라고도 불린다.

다음 스크린샷은 움직일 수 있는 오브젝트(빨간 구체)가 간접 라이팅 캐시를 사용해 빛나는 방식을 보여준다.

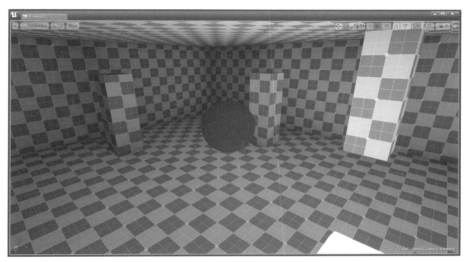

간접 라이팅 캐시 있음

간접 라이팅 캐시 없음

 볼륨 라이트 샘플은 스태틱 표면과 라이트매스 임포턴스 볼륨 내에서만 배치된다.

간접 라이팅 캐시 역시 빌드되지 않은 라이팅을 가진 오브젝트를 미리보기하는데 도움을 준다. 라이트 빌딩 후에 스태틱 오브젝트를 움직이면, 다음 라이트 빌드까지 자동으로 간접 라이팅 캐시를 사용한다.

볼륨 라이팅 샘플을 시각화하려면 Show ➤ Visualize ➤ Volume Lighting Samples를 선택한다.

레벨에서 볼륨 라이트닝 샘플 미리보기

Global Illumination의 밝기와 색은 포스트 프로세스 볼륨에서 조절한다. 포스트 프로세스 볼륨의 Post Process Settings ➤ Global Illumination을 확장하면 색상과 밝기를 설정할 수 있다.

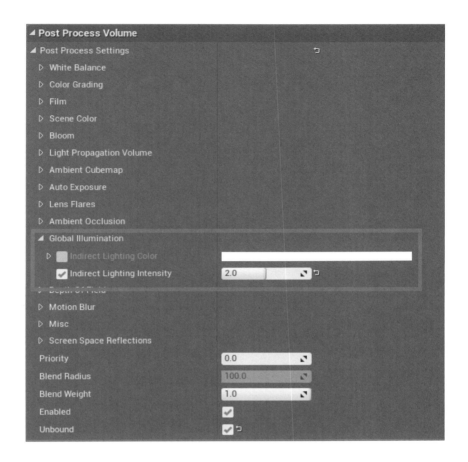

디버깅을 위해 특정 라이팅 컴포넌트를 토글하려면 Show ➤ Lighting Components
영역 아래의 다양한 라이팅 컴포넌트 플래그를 사용할 수 있다. 다이렉트 라이
팅 없이 씬을 미리보기하고 싶다면 다이렉트 라이팅을 끄고 Indirect Lighting only
에서 씬을 미리보기할 수 있다. 이 기능은 오직 에디터에서만 가능하며 게임에는
영향을 주지 않는다. 디버깅 과정만을 위한 것이다.

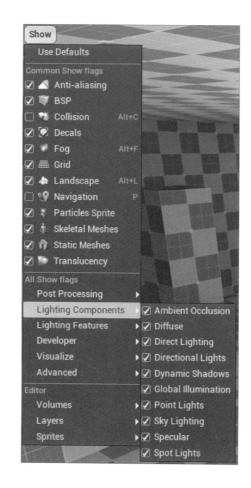

요약

6장에서는 라이트에 대해 살펴봤고, 라이트매스 글로벌 일루미네이션을 사용해 씬의 생동감을 증가시키는 방법과 라이트매스와 함께 사용하기 위해 애셋을 준비하는 방법을 다뤘다. 또한 다양한 라이트와 일반 세팅에 대해서도 설명했다. 7장에서는 언리얼 엔진 4의 가장 우수하면서 가장 독특한 기능인 블루프린트에 대해 알아본다.

6

블루프린트

6장에서는 블루프린트[Blueprint]가 무엇이고 게임 프로토타입을 만들 때 어떻게 사용되는지 살펴본다. 여기서 다룰 내용은 다음과 같다.

- 블루프린트 에디터에 익숙해지기
- 다양한 블루프린트 그래프 타입(함수 그래프, 이벤트 그래프 등)
- 블루프린트 노드
- 월드에 배치 가능하거나 게임 실행 중에 동적 스폰이 가능한 간단한 블루프린트 작성

언리얼 엔진 4에서의 블루프린트 비주얼 스크립팅은 아주 강력하고 유연한 노드 기반의 인터페이스로, 게임플레이 요소를 생성하고 아티스트와 디자이너가 코드 한 줄 없이 에디터에서 빠르게 프로그램을 만들 수 있도록 돕는다. 블루프린트를 사용하면 게임플레이, 캐릭터, 입력, 환경, 그리고 게임 내의 가상적인 모든 것들을 만들고 조절할 수 있다.

블루프린트는 블루프린트의 역할이 정의된 다양한 노드를 각각 연결한 그래프를 사용해 작동한다. 예를 들어 게임플레이 이벤트가 될 수도 있고, 새 액터를 생성하는 것도 될 수 있다.

다른 블루프린트 타입

언리얼 엔진 4에서 이용 가능한 다양한 블루프린트 타입을 빠르게 살펴보자.

- 레벨 블루프린트^{Level Blueprint}: 레벨 블루프린트는 레벨 전체에서 글로벌 이벤트 그래프처럼 작동하는 특별한 블루프린트며 사용자는 삭제하거나 생성할수 없다. 각 레벨은 전체 레벨과 관련된 이벤트를 생성하는 데 사용할 수 있는 자신만의 레벨 블루프린트를 가질 수 있다. 사용자는 이 그래프를 사용해레벨에서 제공하는 특정 액터에게 이벤트를 호출하거나 마티네 시퀀스^{Matinee sequence}를 플레이할 수 있다. 언리얼 엔진 3(혹은 UDK)와 친숙한 사용자는 엔진에서 키즈멧^{Kismet}이 작동하는 방식과 유사하므로 이 콘셉트와 친해져야만한다.

- 클래스 블루프린트^{Class Blueprint}: 일반적으로 단순히 블루프린트라 불리며, 콘텐츠 브라우저 내에서 생성 가능한 애셋이다. 애셋이 생성되면 코드를 입력하는 대신에 시각적으로 행동을 정의한다. 이 블루프린트는 콘텐츠 브라우저 내에 애셋으로 저장되므로 월드에 인스턴스로 끌어다 놓을 수 있으며 혹은다른 블루프린트 그래프에 동적으로 생성 가능하다.

- 애니메이션 블루프린트^{Animation Blueprint}: 블렌딩 애니메이션에 의한 스켈레탈 메시^{skeletal mesh}의 애니메이션 조종, 직접 본^{bone} 조종, 각 프레임에서의최종 포즈 출력에 특성화된 그래프다. 애니메이션 블루프린트는 언제나 EventGraph와 AnimGraph라는 두 가지 그래프를 가진다.

- EventGraph: AnimGraph 내의 애니메이션을 실행하는 데 사용되는 값을 업데이트하는 노드의 시퀀스를 초기화하기 위해 애니메이션과 관련된 이벤트의모음으로 사용된다.

- AnimGraph: 스켈레탈 메시의 최종 포즈를 계산하는 데 사용된다. 이 그래프에서 SkeletalControls를 사용해 애니메이션 블렌드를 하거나 본 트랜스폼을조절할 수 있다.

- 매크로 라이브러리^{Macro Library}: 다른 블루프린트 클래스에서 여러 번 사용 가능한 다양한 매크로나 그래프를 가질 수 있는 컨테이너다. 매크로 라이브러리는 변수를 가질 수 없고 다른 블루프린트로부터 상속될 수 없으며 레벨에 배치할 수 없다. 이는 시간 절약을 돕는, 자주 사용하는 그래프의 모음집일 뿐이다. 블루프린트의 매크로를 참조하고 있다면 참조하는 매크로를 변경해도 블루프린트를 재컴파일하기 전에는 적용되지 않을 것이다. 블루프린트 컴파일은 클래스 내의 모든 속성과 그래프를 언리얼이 사용 가능한 것으로 변환한다는 뜻이다.

- 블루프린트 인터페이스^{Blueprint Interface}: 구현 없이 하나 이상의 함수를 포함하는 그래프다. 이 인터페이스를 추가한 다른 클래스는 특별한 규칙으로 함수를 추가해야 한다. 다양한 오브젝트를 일반 인터페이스를 통해 전달하고 데이터를 다른 곳으로 공유하거나 전달하는 등 프로그래밍 인터페이스와 같은 콘셉트를 가진다. 인터페이스 그래프는 약간의 제한이 있는데, 변수를 생성하거나 그래프를 편집하거나 다른 컴포넌트를 추가할 수 없다.

블루프린트 사용자 인터페이스에 익숙해지기

블루프린트 사용자 인터페이스^{UI}는 기본적으로 다양한 탭을 가지고 있다. 다음 스크린샷에서 블루프린트 UI의 정의되지 않은 레이아웃을 볼 수 있다.

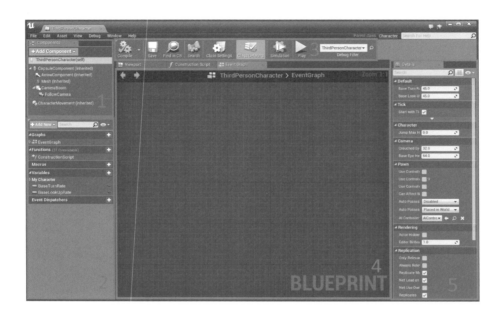

이 탭들을 살펴보자.

- 컴포넌트^{Components}
- 내 블루프린트^{My Blueprint}
- 툴바^{Toolbar}
- 그래프 에디터^{Graph editor}
- 디테일^{Details} 패널

컴포넌트 탭

대부분의 블루프린트 클래스는 다른 종류의 컴포넌트를 가진다. 라이트 컴포넌트일 수도 있고 메시 컴포넌트나 UI 컴포넌트일 수도 있다. 이 절에서는 이것들이 무엇인지 알아보고 블루프린트 클래스에서 어떻게 사용 가능한지 살펴본다.

컴포넌트는 무엇인가?

컴포넌트는 전체 액터를 만드는 구성품이다. 컴포넌트는 컴포넌트만으로 존재할 수 없지만, 액터에 추가되면 액터는 컴포넌트가 제공하는 모든 함수 기능들에 접근할 수 있다. 예를 들어 차를 떠올려보자. 바퀴, 몸체, 라이트 등은 컴포넌트로, 차 자체는 액터라고 생각해보자. 그래프에서 컴포넌트(바퀴나 몸체 등)에 접속해 액터(차)가 특별한 행동을 하도록 만들 수 있다. 컴포넌트는 언제나 인스턴스화 돼 있으며 각 액터 인스턴스는 자신만의 고유한 컴포넌트 인스턴스를 가질 것이다. 이렇게 되지 않는다면 월드에 차 액터를 여러 개 배치하고 하나만 움직여도 나머지 모두 역시 움직일 것이다.

컴포넌트 추가

컴포넌트를 추가하려면 컴포넌트 탭의 **Add Component** 버튼을 클릭한다. 버튼을 클릭하면 추가 가능한 다양한 컴포넌트 목록을 보여줄 것이다.

컴포넌트를 추가한 후 이름을 붙여줄 수 있다. 컴포넌트는 콘텐츠 브라우저에서 컴포넌트 윈도우로 단순히 끌어다 놓는 방법으로 바로 추가할 수도 있다.

컴포넌트의 이름을 바꾸려면 컴포넌트 탭에서 선택하고 F2를 누른다.

 끌어다 놓기 메소드는 StaticMeshes, SkeletalMeshes, SoundCues, ParticleSystems에만 적용된다.

컴포넌트를 선택한 상태에서 Delete 키를 누르면 지울 수 있다. 혹은 컴포넌트를 우클릭한 후에 Delete를 눌러 지울 수도 있다.

컴포넌트 트랜스폼

컴포넌트가 추가되고 선택됐다면 디테일 패널이나 뷰포트 탭 내의 값에 접속해 변환 툴(W, E, R)을 사용함으로써 컴포넌트의 위치, 방향, 스케일을 변경할 수 있다. 뷰포트 툴바에서 그리드 스내핑grid snapping을 활성화했다면 이동, 회전, 혹은 스케일할 때 Shift를 눌러 스내핑을 활성화할 수 있다.

 컴포넌트에 연결된 자식 컴포넌트가 있다면 이동, 회전, 스케일할 때 자식 컴포넌트도 같이 변환된다.

컴포넌트에 이벤트 추가하기

컴포넌트에 이벤트를 추가하는 것은 아주 쉬우며 다양한 방법으로 수행 가능하다. 이 방식으로 추가하는 이벤트는 그 컴포넌트에 특별한 것이며, 어떤 컴포넌트가 관련돼 있는지 테스트할 필요가 없다.

- 디테일 패널에서 이벤트 추가: 컴포넌트를 선택하면 디테일 패널에서 버튼으로 가능한 모든 이벤트를 볼 수 있다. 그중 하나를 클릭하면 에디터는 이벤트 그래프에서 해당 컴포넌트와 관련된 이벤트를 생성할 것이다.

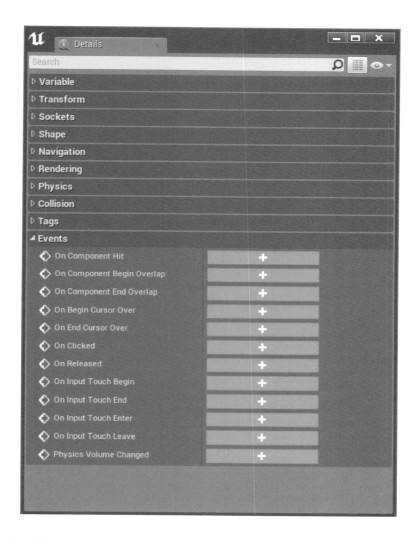

- 우클릭으로 이벤트 추가: 컴포넌트를 우클릭하면 컨텍스트 메뉴에서 Add
  Event를 볼 수 있다. 거기서 원하는 이벤트를 선택하면, 에디터는 이벤트 그
  래프에서 해당 컴포넌트와 관련된 이벤트 노드를 생성할 것이다.

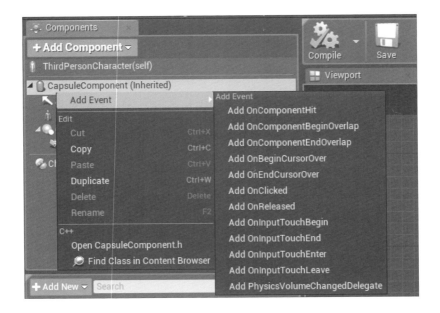

- 그래프에 이벤트 추가하기: 내 블루프린트 탭에서 컴포넌트를 선택했다면 그 래프를 우클릭해 컴포넌트에 대한 모든 이벤트를 볼 수 있다.

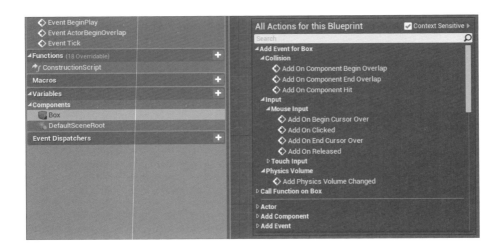

내 블루프린트 탭

내 블루프린트 탭은 블루프린트 내에 포함돼 있는 그래프, 함수, 매크로, 변수의 목록을 출력한다. 이 탭은 블루프린트의 종류에 따라 달라진다. 클래스 블루프린트라면 이벤트 그래프, 생성 스크립트 그래프, 변수, 함수, 매크로 등을 가질 것이다. 인터페이스는 내부의 함수 목록만을 보여줄 것이고, 매크로 라이브러리는 내부에 생성된 매크로만을 보여줄 것이다.

Creation buttons

내 블루프린트 탭 내에서 단축 버튼(+)을 눌러 새 변수, 함수, 매크로, 이벤트 그래프, 이벤트 디스패처event dispatcher를 생성할 수 있다.

+Add New 드롭다운 버튼을 눌러 추가할 수도 있다.

내 블루프린트에서 검색하기

내 블루프린트 탭은 변수, 함수, 매크로, 이벤트 그래프, 이벤트 디스패처를 검색할 수 있는 공간을 제공하며 이름, 코멘트, 혹은 다른 데이터를 사용해 검색 가능하다.

내 블루프린트에서 카테고리 만들기

변수, 함수, 매크로, 이벤트 디스패처 등을 다양한 카테고리로 정렬하는 것은 좋은 습관이다. 내 블루프린트 탭에서는 다양한 카테고리와 하위 카테고리[sub-category]를 가질 수 있다. 다음 스크린샷을 확인하자.

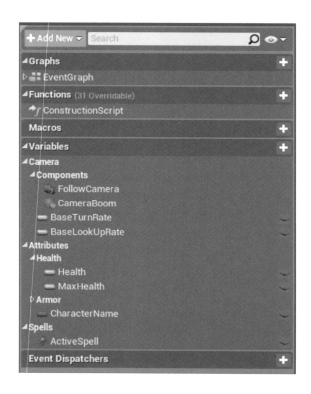

위 스크린샷에서 다양한 카테고리 및 하위 카테고리로 모든 것을 정리한 것을 볼 수 있다. 변수, 함수, 매크로, 이벤트 디스패처를 위한 카테고리를 설정하려면, 설정하려는 것을 선택한 후 디테일 패널에서 새로운 카테고리 이름을 입력하거나 기존의 카테고리를 선택한다. 하위 카테고리가 필요하다면 세로 줄 키(|)를 사용해 하위 카테고리 이름을 나눠야 한다. 예를 들어 '속성' 내에 '체력'이라는 하위 카테고리가 필요하다면 '속성 | 체력'과 같이 작성할 수 있다.

툴바

툴바는 블루프린트를 수정하는 과정에서 필요한 주요 커맨드에 접근할 수 있도록 한다. 툴바 버튼은 어떤 모드(편집 모드, 에디터에서 플레이 모드 등)가 활성화됐는지와 어떤 블루프린트를 현재 수정하고 있는지에 따라 바뀐다.

그래프 에디터

그래프 에디터^{Graph editor}는 블루프린트의 메인 영역으로, 새로운 노드를 추가하고 연결해 스크립트된 행동을 정의하는 네트워크를 생성하는 곳이다. 새로운 노드를 생성하는 방법과 다양한 노드에 대한 더 자세한 내용은 이 책의 뒷부분에서 다룰 것이다.

디테일 패널

디테일 패널은 선택한 컴포넌트나 변수의 속성에 접근할 수 있도록 한다. 검색 필드를 포함하고 있으므로 특정 속성을 검색할 수 있다.

블루프린트 그래프 타입

앞서 이야기했던 것처럼 블루프린트는 새로운 종류의 액터나 스크립트 게임플레이 로직, 이벤트 등을 생성하는 데 사용되는 콘텐츠 브라우저에 저장된 애셋이며, 디자이너와 프로그래머가 코드를 작성하지 않고도 게임플레이를 빠르게 처리할 수 있도록 한다. 블루프린트가 스크립트된 행동을 가지게 하려면 그래프 에디터의 다양한 노드를 사용해 어떻게 행동하는지 정의할 필요가 있다. 다양한 그래프를 살펴보자.

- 생성 스크립트 그래프^{Construction Script Graph}: 생성 스크립트 그래프는 블루프린트가 초기화되는 순간과 블루프린트 내의 어떤 변수가 변경될 때 실행된다. 레벨의 블루프린트 인스턴스를 배치하고 트랜스포메이션이나 어떤 변수를 변

경하면 생성 그래프가 실행된다는 뜻이다. 이 그래프는 그래프가 생성될 때마다 실행되며 속성이나 블루프린트가 업데이트될 때 다시 실행된다. 종속적인 요소를 생성하거나 게임 시작 전에 값을 설정할 때 사용할 수 있다.

- 이벤트 그래프^{Event Graph}: 상호작용과 다이내믹 반응을 포함한 모든 게임플레이 로직이 포함돼 있는 곳이다. 다양한 이벤트 노드를 시작점으로 사용해 블루프린트의 행동을 스크립트할 수 있다. 이벤트 그래프는 게임을 시작할 때만 실행된다.

- 함수 그래프^{Function Graph}: 기본적으로 이 그래프는 함수의 이름을 가진 하나의 출입점을 가진다. 이 노드는 절대 삭제되지 않지만 자유롭게 움직일 수는 있다. 이 그래프의 노드는 생성자나 이벤트 그래프, 혹은 이 함수가 포함돼 있는 블루프린트를 참조하는 또 다른 블루프린트에서 이 함수를 호출할 때만 실행된다.

- 매크로 그래프^{Macro Graph}: 노드를 포함하고 있는 그래프 같은 것이다. 함수 그래프와는 다르게 매크로는 여러 개의 입력이나 출력을 가질 수 있다.

- 인터페이스 그래프^{Interface Graph}: 인터페이스 그래프는 비활성화돼 있으며 이동과 그래프, 변수, 컴포넌트의 생성이 불가능하다.

 오직 클래스 블루프린트만이 생성자 스크립트를 가지고 있고, 게임플레이가 시작됐을 때만 실행이 중단되며 게임플레이 전에 완료되는 것으로 간주된다.

함수 그래프

함수 그래프는 블루프린트 내에서 생성된 노드 그래프며 다른 그래프(이벤트 그래프나 생성자 스크립트 등)나 다른 블루프린트에서 실행할 수 있다. 기본적으로 함수 그래프는 함수가 호출됐을 때 활성화되는 하나의 실행 핀을 가지고 있으며 연결된 노드가 실행되게 한다.

함수 생성

함수 그래프는 내 블루프린트 탭을 통해 생성되며, 원하는 만큼 많은 함수를 생성할 수 있다.

내 블루프린트 탭 내에서 함수 헤더 위로 마우스를 올리고 +Function을 눌러 새 함수를 추가할 수 있다.

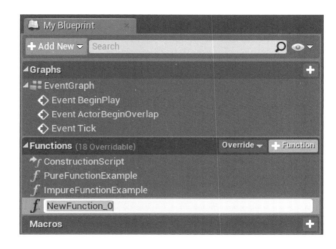

노란색으로 강조되는 버튼을 누르면 새로운 함수가 생성되고 함수의 이름을 입력할 수 있는 대화 상자가 뜬다.

그래프 세팅

새 함수를 생성하고 선택하면 함수의 몇몇 속성을 얻을 수 있으며 디테일 패널에서 변경할 수 있다. 간단히 살펴보자.

- Description: 다른 그래프에서 이 함수에 마우스를 올리면 툴팁으로 보인다.
- Category: 이 함수를 주어진 카테고리에 유지한다(나열 목적일 때만).
- Access Specifier: 때때로 함수를 생성할 때 다른 블루프린트에 연결하고 싶지 않을 수 있다. Access Specifier는 다른 오브젝트가 이 함수에 연결 가능한지를 결정한다.
- Public: 어떠한 오브젝트가 어디서나 이 함수에 접속 가능하다는 의미다. 이것이 기본 설정이다.
- Protected: 현재의 블루프린트와 현재의 블루프린트를 상속받은 블루프린트만이 이 함수에 접근 가능하다는 의미다.
- Private: 현재의 블루프린트만이 이 함수에 접근 가능하다는 것을 뜻한다.
- Pure: 활성화되면 이 함수는 순수 함수로 마크되며 비순수 함수라면 비활성화된다.
  - 순수 함수는 클래스의 상태나 멤버를 어떤 방법으로도 변경할 수 없고, 데이터 값을 출력하는 상수 함수로 취급되며 실행 핀을 가지지 않는다. 또한 다른 데이터 핀과 연결되며 데이터가 필요할 때 자동으로 실행된다.
  - 비순수 함수는 자유롭게 클래스 내의 값을 수정할 수 있으며 실행 핀을 포함하고 있다.

다음 스크린샷은 순수 함수와 비순수 함수의 차이를 보여준다.

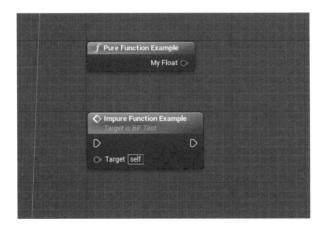

함수 수정

함수의 기능을 정의하려면 수정해야 한다. 원하는 만큼 입력과 출력을 가질 수 있으며 기능을 정의하기 위해 입력과 출력 사이의 노드 네트워크를 생성할 수 있다. 입력이나 출력을 추가하려면 우선 내 블루프린트 탭에서 함수를 선택하거나 함수 그래프를 열었을 때 메인 핑크 노드를 선택한다. 그다음에는 디테일 패널에서 새 입력이나 출력을 생성하는 New라는 이름의 버튼을 볼 수 있다.

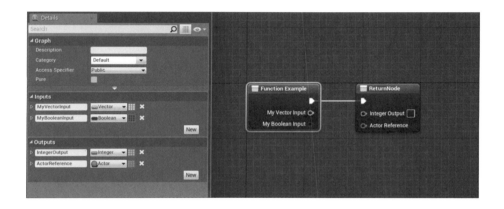

위 스크린샷에서 예제 함수에 새로운 입력과 출력을 추가하는 법을 볼 수 있다.

 ReturnNode는 선택적이며 최소 하나의 출력 데이터 핀이 있을 때만 나타난다. 모든 출력 핀을 지우면 ReturnNode는 자동적으로 삭제되지만 함수는 여전히 사용할 수 있다.

예를 들어 다음 스크린샷에서는 캐릭터 이름에 접두사를 추가하는 블루프린트 함수를 생성했기 때문에 이 함수 하나만 사용해도 원할 때마다 언제든지 접두사를 바꿀 수 있다.

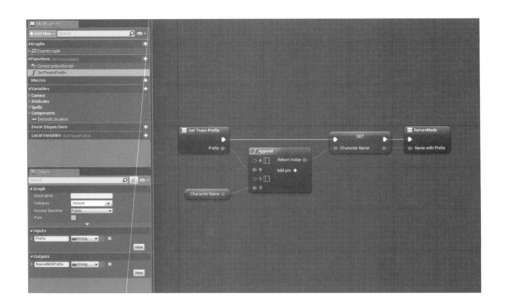

이벤트 그래프로 돌아가 Event BeginPlay에서 이 함수를 호출했으므로 게임이 시작할 때 캐릭터 이름을 선택할 수 있다.

매크로 그래프

매크로 그래프^{Macro graph}는 터널 노드에 의해 지정된 입구와 출구를 포함하고 있지만 변수를 가질 수 없는 노드 그래프가 축소된 것이다. 매크로 그래프는 여러 개의 실행 핀 혹은 데이터 핀을 가질 수 있다.

매크로는 클래스 블루프린트 혹은 레벨 블루프린트 내에 함수처럼 생성할 수 있다. 또한 매크로를 콘텐츠 브라우저에서 생성한 블루프린트 매크로 라이브러리 내에 정렬할 수도 있다.

블루프린트 매크로 라이브러리는 모든 매크로를 한 장소에 포함할 수 있으므로 다른 블루프린트에서 사용할 수 있다. 가장 자주 사용되는 노드를 포함하고 데이터를 전송할 수 있으므로 시간 절약에도 아주 도움이 된다. 그러나 매크로 그래프의 변경은 매크로를 포함한 블루프린트가 재컴파일될 때만 적용된다.

매크로 라이브러리를 만들려면 콘텐츠 브라우저에서 우클릭한 후 Blueprints 하위 카테고리 내의 Blueprint Macro Library를 선택한다.

이 옵션을 선택하면 매크로의 부모 클래스를 선택해야 한다. 대부분 액터를 부모 클래스로 선택한다. 선택 후에는 매크로 라이브러리를 위한 이름을 입력하고 저장한다.

방금 매크로 라이브러리를 만들었다면 에디터는 NewMacro_0라는 이름의 빈 매크로를 생성할 것이며, 하이라이트돼 이름을 변경하도록 유도할 것이다.

함수에서와 동일한 방식으로 매크로에도 설명을 입력하고 카테고리를 정의할 수 있다. 인스턴스 컬러를 사용해 매크로용 색상을 정의하는 옵션 또한 얻는다.

다음 스크린샷에서는 여러 개의 출력을 가진 매크로를 생성한 후 설명을 입력하고 카테고리와 매크로용 인스턴스 색상도 정의했다.

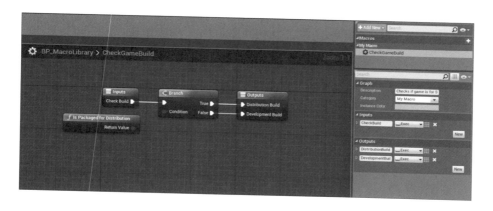

이제 다른 블루프린트에서 이 매크로를 가져와 사용할 수 있다. 매크로에 마우스를 올리면 툴팁으로 설명을 볼 수 있다.

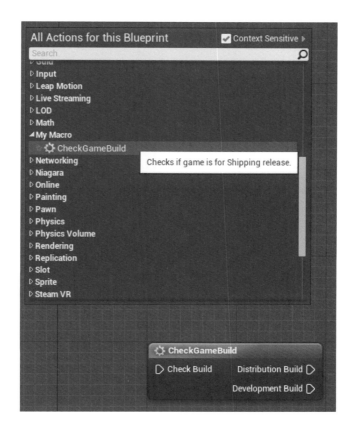

인터페이스 그래프

인터페이스 그래프^{Interface graph}는 구현 없는 함수의 모음집이며 다른 블루프린트에 추가할 수 있다. 인터페이스를 구현한 블루프린트 클래스는 확실하게 인터페이스로부터 모든 함수를 포함할 것이다. 이 인터페이스 내의 함수에 기능을 주는 것은 사용자에게 달려 있다. 인터페이스 에디터는 다른 블루프린트와 비슷하지만, 새로운 변수를 추가하거나 그래프를 수정하거나 다른 컴포넌트를 추가할 수 없다.

인터페이스는 특정 동작을 공유하는 다양한 블루프린트 간에 통신하기 위해 사용된다. 예를 들어 플레이어가 화염방사기를 보유했다고 하자. 이때 얼음과 천이 있다면 둘 다 데미지를 입겠지만, 하나는 녹고 다른 하나는 탈 것이다. `TakeWeaponFire` 함수를 가지고 있는 블루프린트 인터페이스를 만들고 Ice와 Cloth가 이 인터페이스를 구현하도록 할 수 있다. Ice 블루프린트에서는 `TakeWeaponFire` 함수를 구현하고 얼음이 녹게 할 수 있다. Cloth 블루프린트에서는 같은 함수를 구현해 천이 타게 할 수 있다. 이제 화염방사기를 발사할 경우 단순히 `TakeWeaponFire` 함수를 호출하고 각 블루프린트에서 이 함수를 호출하면 된다.

새로운 인터페이스를 생성하려면 콘텐츠 브라우저에서 우클릭하고, 블루프린트 하위 카테고리의 Blueprint Interface를 선택한 후 이름을 짓는다.

다음 화면에서 BP_TestInterface라는 이름을 붙였다.

방금 인터페이스를 생성했다면 에디터는 `NewFunction_0`라는 이름의 빈 함수를 생성할 것이며, 이름 변경을 위해 하이라이트시킬 것이다. 이 인터페이스를 다른 블루프린트에서 구현한다면 이 함수를 가지게 되는 셈이다.

이 예제에서는 `MyInterfaceFunction`이라는 이름의 함수를 생성했다. 이것을 사용해 이 인터페이스를 구현한 액터의 이름을 출력할 것이다.

함수 기능을 생성하려면 우선 블루프린트에서 이 인터페이스를 구현해야 한다. 이것을 구현할 블루프린트를 열고 툴바에서 Class Settings를 선택한다.

이제 디테일 패널에서 이 블루프린트의 세팅을 보여줄 것이며, 인터페이스 섹션 아래에서 인터페이스를 추가할 수 있다.

인터페이스를 추가하면 내 블루프린트 탭은 인터페이스 함수를 보여주기 위해 업데이트할 것이다. 이제 남은 과정은 함수를 더블 클릭해 그래프를 열고 기능을 추가하는 것이다.

MyInterfaceFunction이 내 블루프린트 탭에 나타나는 이유는 함수는 출력 값을 가
지기 때문이다. 출력이 없는 인터페이스 함수를 가지고 있다면 그것은 내 블루프
린트 탭에 나타나지 않을 것이다. 대신 블루프린트를 우클릭했을 때 Events 아래
에 나타난다. 예를 들어 같은 인터페이스에 출력 데이터가 없는 또 다른 함수를
만든다.

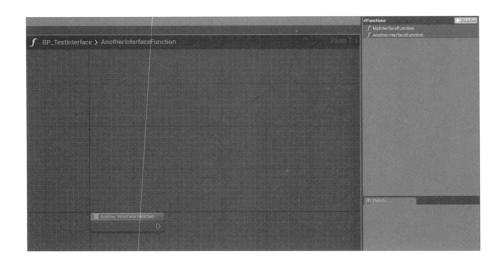

이 AnotherInterfaceFunction은 출력이 없으므로 내 블루프린트 탭에 나타나지 않을 것이다. 그러므로 블루프린트에서 이 함수를 구현하려면 이벤트로 추가해야 한다.

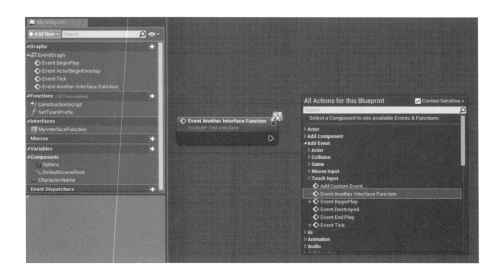

블루프린트 노드 참조

블루프린트 오브젝트의 행동은 다양한 노드를 사용해 정의된다. 노드는 이벤트, 함수 호출, 플로우 컨트롤, 변수, 그리고 그래프에서 사용되는 이외의 것들이 될 수 있다. 각 종류의 노드가 고유한 함수를 가졌다고 해도 생성하고 사용하는 방법은 일반적이다.

노드는 그래프 패널 내에서 우클릭하고 컨텍스트 메뉴에서 노드를 선택해 그래프에 추가할 수 있다. 블루프린트 내의 컴포넌트가 선택됐다면 컴포넌트가 지원하는 이벤트와 함수 역시 목록에 뜰 것이다.

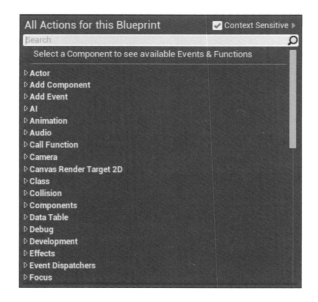

노드가 추가된 후에는 마우스 왼쪽 버튼을 사용해 선택하고 이동할 수 있다. 또한 Ctrl을 사용하면 현재 선택된 노드로부터 추가하거나 삭제할 수 있다. 그래프 내에서 클릭하고 드래그하면 현재 선택으로부터 마티네 셀렉션을 생성한다.

노드는 여러 개의 입력과 출력을 가질 수 있으며 실행 핀과 데이터 핀이라는 두 가지 종류로 나뉜다.

실행 핀은 실행의 흐름을 시작하며, 실행이 끝나면 출력 실행 핀이 활성화돼 흐르도록 한다. 실행 핀은 연결되지 않았을 때 약한 선으로 그려지고, 연결됐을 때는 강한 하얀색으로 그려진다.

데이터 핀은 한 노드에서 다른 노드로 데이터를 전달하는 노드다. 이 노드는 타입에 특화돼 있다. 같은 타입의 변수끼리만 연결할 수 있다는 뜻이다. 몇몇 데이터 핀은 같은 데이터 타입이 아닌데도 연결하면 자동으로 변환한다. float 변수를 string과 연결하면 블루프린트 에디터는 float를 자동으로 string으로 변환해 노드와 연결할 것이다. 실행 핀과 마찬가지로 연결되지 않으면 약한 선으로 그려지고, 연결되면 강한 색으로 그려진다.

노드 색상

블루프린트의 노드는 노드 종류에 따라 각자 다른 색을 가진다.

빨간색 노드는 이벤트 노드며 실행이 시작되는 곳이라는 뜻이다.

파란 노드는 함수나 호출되는 이벤트라는 뜻이다. 이 노드는 여러 개의 입출력을 가질 수 있다. 함수 상단의 아이콘은 함수인지 혹은 이벤트인지에 따라 바뀐다.

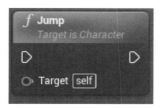

보라색 노드는 생성하거나 삭제할 수 없다. 이 노드는 생성 스크립트와 함수에서 볼 수 있다.

회색 노드는 매크로, 플로우 컨트롤, 접힌 노드일 수 있다.

초록 노드는 일반적으로 값을 얻는 데 사용되는 순수 함수를 뜻한다.

옥색은 캐스트 노드라는 뜻이다. 이 노드는 주어진 오브젝트를 다른 것으로 변환한다.

변수

변수는 값이나 오브젝트 참조를 가지는 속성이다. 블루프린트 에디터 내에서나 다른 블루프린트에서 접근 가능하며, 데이터 타입(float, integer, Boolean 등)을 포함하거나 타입 혹은 클래스를 참조하기 위해 만들어졌다. 각 변수는 배열이 될 수도 있다. 모든 타입은 쉬운 판별을 위해 색상별로 구분돼 있다.

수학 표현

수학 표현Math expression 노드는 본질적으로 접힌 노드며, 동작을 보기 위해 더블 클릭함으로써 서브 그래프를 열 수 있다. 이 노드의 이름을 바꾸면 새로운 표현이 파싱되고 새 그래프가 생성한다. 노드 이름을 바꾸려면 선택하고 F2를 누른다.

수학 표현 노드를 생성하려면 그래프 에디터에서 우클릭하고 Add Math Expression 노드를 선택한다. 그러면 수학 표현의 이름을 지을 수 있을 것이다.

예를 들어 다음 표현을 입력해보자.

(vector(x, y, z)) + ((a + 1) * (b + 1))

그리고 엔터 키를 누른다.

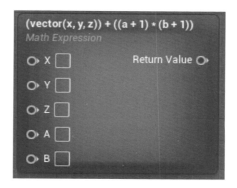

이제 수학 표현 노드가 자동으로 수식으로 변환돼 필요한 변수와 그래프를 생성하는 것을 볼 수 있다.

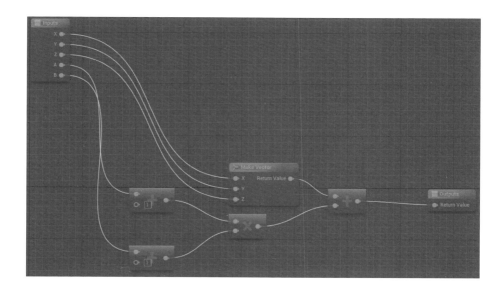

다음 연산자가 지원되며 복잡한 수식을 위해 조합될 수 있다.

- 곱: *, /, %(나머지)
- 합: +, −

- 관계: <, >, <=, >=
- 동일성: ==(같다), !=(다르다)
- 논리: ||(논리합), &&(논리곱), ^(배타적 논리합)

첫 번째 블루프린트 클래스 만들기

이제 블루프린트가 무엇이고 무엇을 하는지 알게 됐으니 스스로 회전하고 몇 초 후에 파티클 이펙트 및 사운드와 함께 사라지는 간단한 블루프린트 액터를 생성해보자. 블루프린트를 생성한 후에는 월드에 끌어다 놓을 것이며 또한 레벨 블루프린트를 사용해 게임 중에 이 블루프린트를 동적으로 스폰할 것이다.

새 블루프린트 생성하기

이 블루프린트를 생성하려면 우선 콘텐츠 브라우저에서 우클릭하고 Blueprint를 선택한다. 그러면 블루프린트의 부모 클래스를 고르는 대화 상자가 뜰 것이다. 부모 클래스를 정하고 나면 블루프린트는 부모 클래스로부터 모든 속성을 상속받을 것이다.

존재하는 모든 클래스(다른 블루프린트 클래스도 가능)를 선택할 수 있지만 자주 사용되는 부모 클래스를 살펴보자.

- 액터^{Actor}: 액터 기반의 블루프린트며 레벨에 배치하거나 스폰 가능하다.
- 폰^{Pawn}: 조종 가능한 에이전트라고 부를 수 있으며, 컨트롤러로부터 입력을 받는다.
- 캐릭터^{Character}: 걷기, 달리기, 점프, 웅크리기 등의 능력을 가진 폰의 확장 버전이다.
- 플레이어 컨트롤러^{Player Controller}: 캐릭터나 폰을 조종하는 데 사용된다.
- 게임 모드^{Game Mode}: 플레이할 게임을 정의한다.

- 액터 컴포넌트^{Actor Component}: 어떤 액터에도 추가할 수 있는 재사용 가능한 컴포넌트다.
- 씬 컴포넌트^{Scene Component}: 씬 트랜스폼을 가진 컴포넌트며, 다른 씬 컴포넌트에 연결할 수 있다.

이 예제에서는 레벨에 배치한 뒤 런타임 때 스폰하기 위해 Actor 클래스를 부모로 선택할 것이다. Actor 클래스를 고르면 언리얼은 콘텐츠 브라우저에 새로운 블루프린트를 생성하고 배치할 것이다. 새로 생성된 블루프린트를 더블 클릭하면 블루프린트 에디터가 열린다. 기본적으로 뷰포트 탭이 열리지만, 그렇지 않다면 뷰포트 탭을 선택하자. 여기서 모든 컴포넌트를 확인하고 다룰 수 있다.

이제 이 블루프린트가 스폰됐을 때 회전하는 컴포넌트가 필요하다. 컴포넌트 탭에서 Add Component를 클릭하고 Static Mesh 컴포넌트를 선택한다. 컴포넌트를 추가한 후에 Mesh Component로 이름을 바꾼다(원하는 이름을 붙일 수도 있지만 이 예제에서는 이 이름을 선택하자). 그리고 디테일 패널이 스태틱 메시 속성으로 어떻게 채워졌는지 확인한다.

디테일 패널에서 사용할 애셋을 지정하는 곳에서 사용하는 컴포넌트 타입에 해당하는 섹션을 찾을 수 있다.

그러나 이 예제에서는 컴포넌트 탭의 메시에 직접 적용하는 대신에 스태틱 메시 변수를 만들고 그래프의 메시로 할당하는 데 사용할 것이다. 이 방법을 이용하면 블루프린트 에디터를 열지 않고도 메시를 변경할 수 있다.

내 블루프린트 탭에서 새 변수를 만들고 타입을 Static Mesh(reference를 선택하자.)로 설정한다.

 언리얼 엔진 4.9 이전 버전에서는 Static Mesh를 검색하고 reference로 선택할 수 있다. 4.9 이전 버전에서는 선택 가능한 다른 방법이 없다.

이후 변수 이름을 My Mesh로 바꾼다. 이 변수가 스태틱 메시 컴포넌트와 사용할 애셋을 할당하는 데 사용되므로 이 변수를 공개해 월드에 배치한 후 디테일 패널에서 바꿀 수 있도록 하자. 변수를 공개하려면 변수를 선택한 후 블루프린트 에디터의 디테일 패널에서 Editable을 활성화한다. 활성화한 경우, 블루프린트를 컴파일하면(단축키: F7) My Mesh 변수에 기본 메시를 할당할 수 있다. 이 예제에서는 Shape-Cube 스태틱 메시를 추가하자.

이제 변수가 설정됐으니 이것을 스태틱 메시 컴포넌트에 할당한다. 생성 그래프가 블루프린트가 초기화될 때와 변수나 속성이 변경됐을 때 실행되는 것을 알게 됐으니 이곳이 스태틱 메시 컴포넌트를 위한 메시를 할당할 곳이다. 생성 그래프를 열고 다음 과정을 수행하자.

- 그래프에서 우클릭하고 Get Mesh 컴포넌트를 검색한다.
- 컨텍스트 메뉴에서 Get Mesh 컴포넌트를 선택한다.
- 출력 핀을 클릭한 후 끌어다 놓는다. 이제 새로운 컨텍스트 메뉴를 볼 수 있다. 결과 메뉴 내에서 Set Static Mesh를 검색하고 선택하자.
- 그래프 에디터를 다시 우클릭하고 Get My Mesh를 검색한다.
- Get My Mesh를 선택하고 출력 핀을 Set Static Mesh 블루프린트 노드의 입력(New Mesh)과 연결한다.
- 마지막으로 Construnction Script의 실행 핀을 Set Static Mesh 블루프린트 노드와 연결하고 컴파일을 누른다(단축키: F7).

컴파일 후에 뷰포트 탭을 체크하면 새로운 메시를 볼 수 있다. 이 지점부터 편하게 월드로 블루프린트를 드래그하고 디테일 패널에서 My Mesh를 다른 스태틱 메시로 변경할 수 있다.

 Ctrl+E를 눌러 월드에서 선택한 오브젝트의 연관된 에디터를 열 수 있다.

스태틱 메시 회전하기

블루프린트 에디터에서 메시를 회전하는 방법은 여러 가지며, 이 절에서는 가장 간단한 방법인 Rotate Movement 컴포넌트를 사용하는 방법을 알아볼 것이다.

블루프린트를 닫았다면 열고 Rotating Movement라는 이름의 새로운 컴포넌트를 추가한다. 이 컴포넌트는 해당 액터를 주어진 회전율로 끊임없이 회전하게 한다. 그리고 특정 포인트를 중심으로 회전하게 할 수도 있다. 이 컴포넌트는 블루프린트에서 변경 가능한 세 개의 메인 파라미터를 가지고 있다. 목록은 다음과 같다.

- Rotation Rate: Roll/Pitch/Yaw 축을 업데이트하는 속도다.
- Pivot Translation: 회전하는 피벗 포인트다. 0으로 설정하면 오브젝트의 중점을 기준으로 회전한다.
- Rotation in Local Space: 회전이 로컬 스페이스인지 월드 스페이스인지를 정한다.

새로운 두 변수(Rotator와 Vector 변수)를 생성할 수 있으며, 그 둘을 수정 가능하게 해서 월드의 디테일 패널에서 수정할 수 있도록 하자. 최종 그래프는 다음과 같아야 한다.

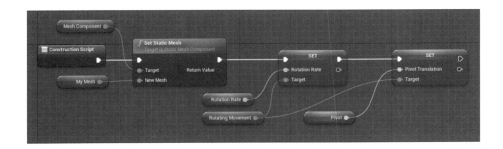

몇 초 후에 블루프린트 액터 없애기

액터를 배치하거나 스폰했다면 파티클 이펙트 및 사운드와 함께 이 액터를 없애야 한다. 과정은 다음과 같다.

- 새로운 변수(float)를 생성하고 DestroyAfter라고 이름 붙인다. 기본값을 5초로 하자.
- 이벤트 그래프로 가서 Event BeginPlay라는 이름의 새로운 이벤트를 추가한다. 이 노드는 게임이 시작하거나 액터가 게임에 스폰됐을 때 바로 실행된다.
- 그래프 에디터를 우클릭하고 Delay를 검색한 다음 추가하자. Event BeginPlay와 Delay 노드를 연결한다. 이 노드는 정해진 몇 초 후에 액션이 호출되도록 하는 데 사용된다.
- Delay 노드는 기간에 사용되는 float 값을 받는다. 이 기간이 지나면 다음 액션으로 실행이 이어진다. DestroyAfter 변수를 Delay의 기간과 연결할 것이다.
- 그래프를 우클릭하고 Spawn Emitter At Location을 검색한다. 이 노드는 특정 위치와 방향에 주어진 파티클 이펙트를 스폰한다. Delay와 이 노드를 연결하고 Emitter Template에서 파티클 이펙트를 설정한다. 위치를 정하려면 그래프를 우클릭하고 GetActorLocation을 찾은 후 Location 핀과 연결한다.
- 그래프를 우클릭하고 Spawn Sound At Location을 검색한다. 이 노드는 주어진 자리에서 사운드를 스폰하고 플레이한다. Spawn Emitter 노드와 이 노드를 연결한다.
- 마지막으로, 액터를 없애기 위해 그래프 에디터를 우클릭하고 DestroyActor를 검색한 후 Spawn Sound 노드와 연결한다.

최종 그래프는 다음과 같아야 한다.

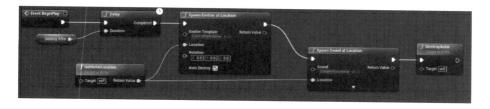

이제 이 액터를 월드에 배치하고 게임을 시작하면 액터가 돌다가 5초 후에(혹은 Destroy After에 사용한 값만큼) 파티클 이펙트와 사운드가 스폰된다. 이어서 이 액터는 사라질 것이다.

레벨 블루프린트에서 블루프린트 클래스 스폰하기

이제 에디트하는 중에 바로 배치하는 대신, 게임이 실행되는 중에 이 블루프린트 액터를 월드에 스폰하는 법을 배울 것이다.

계속하기 전에 회전하는 블루프린트 액터의 DestroyAfter 변수를 변경할 것이다. 블루프린트 에디터를 열고 Variables에서 DestroyAfter 변수를 선택한 후 디테일 패널에서 Expose On Spawn 설정을 활성화한다.

이 세팅은 이 변수가 스폰 액터 노드에서 노출될 것임을 의미한다.

레벨을 열고 툴바에서 Blueprint 버튼을 클릭한 후 Open Level Blueprint를 선택한다. 레벨 블루프린트에서 다음 단계를 수행한다.

- 그래프에서 우클릭하고 Event BeginPlay를 검색한 다음 추가한다.
- 그래프에서 우클릭하고 Class에서 Spawn Actor를 검색한 후 추가한다. 이 노드는 해당하는 액터 클래스를 특정 장소, 방향, 스케일로 스폰한다.
- 클래스 핀 내에서 클래스를 Rotating Blueprint 액터로 설정한다. Destroy Actor 변수가 이제 Spawn 노드와 연결된다는 것을 명심하자. 이제 Spawn 노드에서 그 값을 조절할 수 있다.
- Spawn Transform 노드에서 드래그해 왼쪽 마우스 버튼을 놓자. 결과 컨텍스트 메뉴에서 Make Transform을 선택한다. 트랜스폼 노드는 트랜슬레이션translation, 로테이션, 스케일을 포함한 3D 트랜스포메이션을 포함하고 있다. 이 예제에서는 로케이션을 0, 0, 300으로 설정해 이 액터가 땅으로부터 300 유닛만큼 위에서 스폰되도록 하자.

결과 그래프는 다음과 같아야 한다.

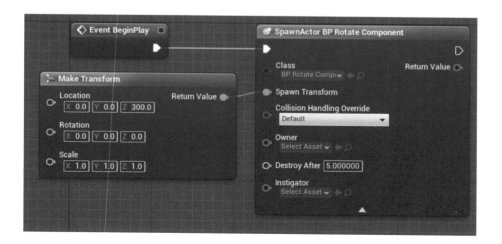

플레이(Alt+P) 혹은 시뮬레이션(Alt+S)을 하면 이 액터가 땅으로부터 300 유닛 위의 장소에 생성돼 빙글빙글 도는 모습을 볼 수 있다.

요약

6장에서는 컴포넌트의 개념을 설명하고 블루프린트 액터를 정의하는 데 어떻게 사용하는지 살펴봤다. 또한 블루프린트 노드와 그것을 생성하는 방법도 배웠다. 6장에서 다룬 내용을 바탕으로 나중에는 다음과 같은 일을 할 수 있다.

- 레벨에 배치된 트리거 볼륨과 겹쳤을 때 액터 스폰하기
- 이 블루프린트가 스폰됐을 때 파티클과 사운드 플레이하기
- 플레이어가 특정 각도에 있다면 플레이어에게 데미지 입히기

7장에서는 마티네를 사용해 컷신을 만들 것이다.

7
마티네

마티네^{Matinee}는 게임플레이나 시네마틱^{cinematic} 게임 시퀀스에서 다이내믹하게 액터의 다양한 속성을 시간마다 키프레임 가능한 기능을 제공한다. 시스템은 액터의 특정 속성에 키프레임을 배치할 수 있는 특화된 트랙을 기반으로 한다. 마티네의 사용자 인터페이스^{UI}는 다른 비선형 비디오 편집 소프트웨어와 비슷하므로 비디오 에디터와 유사하고 조작하기 쉽게 한다.

7장에서는 마티네 시퀀스를 만들고 레벨 블루프린트에서 재생하는 방법을 배울 것이다. 이를 위해 언리얼 엔진 4를 시작하고 Third Person Template로 새 프로젝트를 만든다.

새로운 마티네 만들기

마티네 UI를 열려면 우선 마티네 애셋을 생성해야 한다. 레벨 에디터 툴바에서 Matinee 버튼을 클릭하고 Add Matinee를 선택해 마티네 애셋을 생성할 수 있다. 버튼을 클릭했다면 되돌리기^{Undo}/다시 하기^{Redo} 데이터가 리셋될 것이라는 경고가 뜰 수도 있다. 마티네 모드에서 몇몇 변화는 키프레임으로 변환되며 에디터는 되돌리기 스택을 비울 필요가 있기 때문이다. Continue를 클릭하면 새로운 마티네

액터가 레벨에 배치되며 마티네 에디터가 열릴 것이다. 마티네 윈도우를 좀 더
자세히 살펴보자.

새로운 마티네 액터 생성하기

다음은 마티네 액션 아이콘이다.

월드에 배치된 마티네 액터

새로운 마티네 액터가 생성된 후에는 자동으로 마티네 윈도우가 열릴 것이다. 열
리지 않는다면 월드의 마티네 액터를 선택하고 디테일 패널에서 Open Matinee를
클릭한다.

마티네 윈도우

마티네 윈도우를 빠르게 살펴보자.

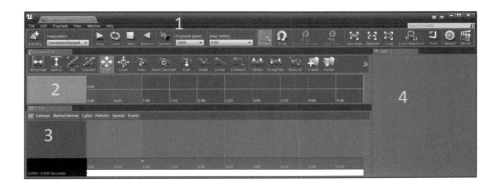

마티네 윈도우는 다음 요소로 구성돼 있다.

- 툴바: 마티네 플레이, 정지 등 마티네 에디터를 위한 일반적인 버튼들이 모두 포함돼 있다. 툴바 버튼들은 다음과 같다.
    - Add key: 현재 선택된 트랙에 새 키프레임을 추가한다.
    - Interpolation: 새로운 키를 추가할 때 디폴트 인터폴레이션 모드를 설정한다.
    - Play: 트랙의 현재 위치부터 시퀀스 끝까지 일반 속도로 미리보기를 플레이한다.
    - Loop: 루프 영역의 미리보기를 루프한다.
    - Stop: 미리보기 플레이백을 중단한다. 더블 클릭하면 시퀀스를 되감고 타임 바를 마티네의 처음 위치로 이동시킨다.
    - Reverse: 프리뷰 플레이백을 리버스한다.
    - Camera: 새로운 카메라 액터를 월드에 생성한다.
    - Playback Speed: 플레이백 속도를 조절한다.
    - Snap Setting: 스내핑용 타임라인 스케일을 설정한다.
    - Curves: 커브 에디터를 토글한다.

○ Snap: 시간 커서와 키의 스내핑을 토글한다.

○ Time to frames: Snap Setting 드롭다운의 선택된 세팅으로 타임라인 커서를 스냅한다. Snap Setting이 frames per second일 때만 활성화된다.

○ Fixed Time: 스냅 세팅에서 특화된 프레임 레이트로의 마티네 플레이백을 락^{lock}한다. Snap Setting이 frames per second일 때만 활성화된다.

○ Sequence: 타임라인 뷰를 전체 스퀀스와 맞춘다.

○ Selected: 타임라인 뷰를 선택한 키와 맞춘다.

○ Loop: 타임라인 뷰를 루프 섹션과 맞춘다.

○ Loop sequence: 자동으로 루프 섹션의 시작과 끝을 전체 시퀀스로 설정한다.

○ End: 트랙의 마지막으로 이동한다.

○ Record: 마티네 레코더 윈도우를 연다.

○ Movie: 마티네를 무비 혹은 이미지 시퀀스로 내보낼 수 있도록 한다.

마티네는 다른 비선형 비디오 에디터와 비슷하므로 다음의 일반적인 단축키를 사용할 수 있다.

J로 시퀀스를 역재생^{backward}

K로 정지/일시 정지

L로 시퀀스를 재생

더하기(+)로 타임라인 줌인

빼기(-)로 타임라인 줌아웃

• 커브 에디터^{Curve editor}: 마티네 시퀀스에서 트랙이 사용하는 애니메이션 커브를 시각화하고 수정할 수 있도록 한다. 또한 시간마다 바뀌는 속성을 컨트롤할 수 있도록 한다. 애니메이션 트랙이 있는 특정 트랙은 Curve 버튼을 토글해 커브 에디터에서 수정 가능하다. 클릭하면 커브 정보를 커브가 사용자에게 보일 수 있는 곳인 커브 에디터에게 보낸다.

- 트랙^{Tracks}: 마티네 윈도우에서 가장 중요한 부분이다. 트랙을 위한 모든 키프레임을 설정할 수 있고 탭, 그룹, 폴더로 정렬할 수 있는 곳이다. 기본적으로 마티네를 만들면 길이는 5초다.

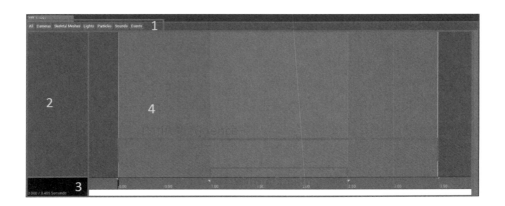

- 탭^{Tabs}: 용도를 조직하는 데 사용된다. 트랙을 다양한 탭에 놓을 수 있다. 예를 들어 마티네 안의 모든 라이트를 라이트 탭에, 카메라를 카메라 탭에 놓을 수 있다. All 탭은 시퀀스 내의 모든 트랙을 보여준다.
- Track List: 타임라인에서 키프레임을 생성 가능한 트랙을 생성할 수 있으며 다른 그룹으로 정렬할 수 있는 곳이다. 새로운 폴더를 생성할 수 있으며 모든 그룹을 각각의 폴더로 정렬할 수 있다.
- Timeline Info: 현재 시간, 커서의 위치, 시퀀스의 총 길이를 포함한 타임라인에 대한 정보를 보여준다.
- Timeline: 시퀀스 내의 모든 트랙을 보여주며 오브젝트 다루기, 카메라 애니메이트, 기타 키프레임을 사용하는 곳이다. 초록 영역은 루프 섹션을 보여준다(그린 마커 사이). 트랙 뷰 하단에서는 작은 검정 바를 볼 수 있으며 타임 바^{Time Bar}라고 불린다. 누르고 있으면 타임라인을 앞이나 뒤로 이동할 수 있으며 빠르게 애니메이션을 미리보기할 수 있다. 시퀀스 길이를 조절하려면 멀리 있는 오른쪽의 빨간 마커를 원하는 마티네 길이만큼 늘린다.

오브젝트 조작하기

마티네는 카메라를 움직이고 오브젝트를 조작하는 곳에서 컷씬을 생성하는 데 사용 가능하며, 문을 열거나 승강기를 움직이는 것 같은 간단한 게임플레이 요소에도 사용할 수 있다. 이 예제에서는 간단한 큐브를 한 곳에서 다른 곳으로 이동하는 방법을 알아볼 것이다.

엔진 콘텐츠에서 Cube mesh를 월드로 끌어다 놓자. Engine Content\BasicShapes 폴더에 있다.

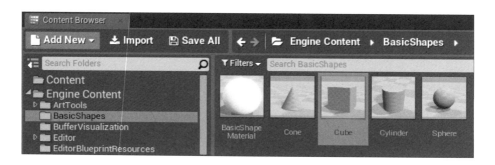

엔진 콘텐츠를 얻으려면 우선 콘텐츠 브라우저에서 활성화해야 한다.

1. 콘텐츠 브라우저의 오른쪽 하단 가장자리에서 View Option을 볼 수 있다.

2. 옵션을 누르고 Show Engine Content를 활성화한다.

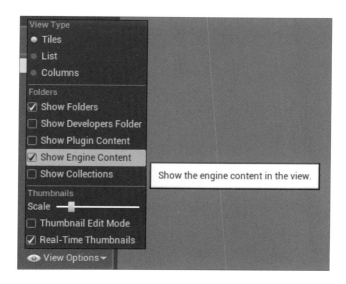

큐브를 월드에 배치했다면 마티네 에디터 윈도우를 열자. 월드에서 큐브를 선택했다면 트랙 리스트 영역에서 우클릭하고 **Add New Empty Group**을 선택한다. 그룹명을 입력할 수 있을 것이다. Cube_Movement라고 이름 짓자.

 'Cube Mobility has been changed to Movable'이라는 메시지가 하단 오른쪽 구석에서 뜨는 것을 볼 수 있다. 놀라지 말자. 마티네에서 조작되는 액터는 Mobility가 Movable로 설정돼야만 한다.

마티네의 이 그룹을 지금 선택한다면 월드의 큐브가 자동으로 선택되는 것을 볼 수 있다. 그 이유는 그룹을 만들 때 월드의 큐브를 선택했고, 월드에서 선택한 오브젝트가 무엇이든 간에 자동으로 그룹을 만들 때 훅[hook]되기 때문이다.

월드에서 큐브를 움직이려면 이동 트랙을 Cube_Movement 그룹으로 추가해야 한다. 트랙을 만들려면 다음 단계를 수행한다.

1. 빈 그룹(Cube_Movement)을 우클릭한다.

2. Add New Movement Track을 선택한다.

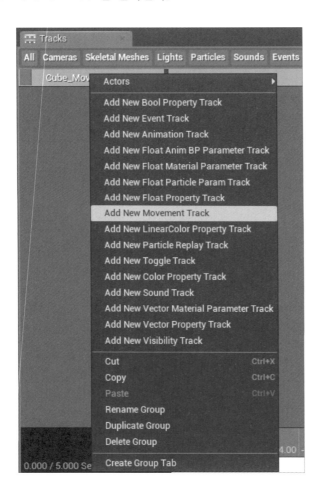

빈 그룹에 새 무브먼트 트랙을 추가하고 큐브의 현재 포지션을 첫 번째 키프레임에 설정할 것이다.

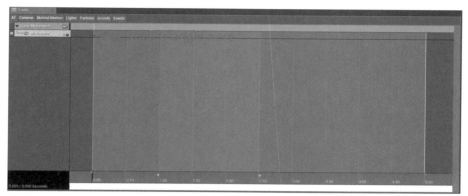

타임라인의 시작 부분에 있는 작은 삼각형이 키프레임이다.

이제 큐브를 약간 오른쪽으로 이동하고 시퀀스 끝에서는 원래 위치로 돌아오게
만들고 싶다. 타임 바를 시퀀스의 중간으로 이동하고(기본 길이가 5이므로 타임 바
를 2.5로 이동시킨다.) 뷰포트 에디터로 돌아간다. 여기서 큐브를 오른쪽(Y축)으로
조금 이동시키고 엔터 키를 누른다. 이제 마티네가 타임 슬롯 2.5에 새 키프레임
을 생성했으며 큐브의 이동 경로를 표현하는 점이 있는 노란 줄을 볼 수 있다는
데 유의하자.

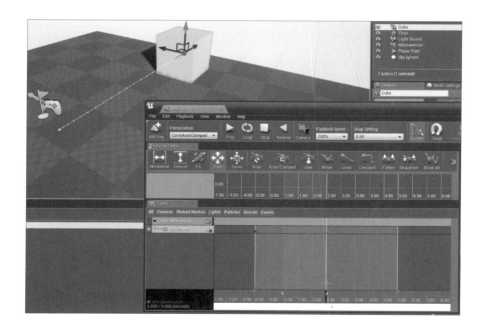

특정 시간(완벽한 2.5 같은)으로 키프레임을 설정하려면 키프레임을 클릭해 선택하고 우클릭한 후 Set Time을 선택한다. 이제 키프레임을 설정하는 새로운 시간을 입력하는 창이 떴을 것이다. 여기서 2.5를 입력한다.

지금 타임 바를 움직이면 2.5시간의 키프레임까지 큐브가 원래 위치에서 새 위치로 이동하는 것을 볼 수 있다. 이제 시퀀스 끝에서 큐브를 원래 위치로 되돌리려면 단순히 첫 번째 키프레임을 복사해 시퀀스 마지막에 붙여넣기를 한다. 우선 첫 번째 키프레임으로 가서 Ctrl+C를 눌러 복사한다. 그리고 타임 바를 시퀀스의 마지막으로 이동한 후 Ctrl+V를 눌러 붙여넣기를 한다. 완료된 마티네는 다음과 같이 보여야 한다.

툴바의 플레이를 지금 누르면 큐브가 원래 위치에서 새로운 위치로 이동한 후 시퀀스의 마지막에서 원래 위치로 되돌아갈 것이다.

이제 마티네가 준비됐으니 마티네를 게임에서 플레이하는 법을 알아본다. 이제 해야 할 일은 레벨에 트리거 박스를 배치하고 플레이어와 오버랩되면 마티네가 플레이되게 하는 것이다. 트리거 박스에서 플레이어가 벗어나면 마티네는 멈출 것이다.

트리거 박스를 월드에 배치하려면 모드 탭(Volume 카테고리 아래에 있다.)에서 뷰포트를 끌어다 놓는다. 모드 탭이 없다면 다음 단계를 따라 한다.

1. Shift+1을 눌러 연다(뷰포트가 선택돼 있는지 확인한다).

2. Modes 탭에서 Place mode로 이동한다(Shift+1).

3. Volumes 탭을 선택한다.

4. Trigger Volume box를 끌어다 놓는다.

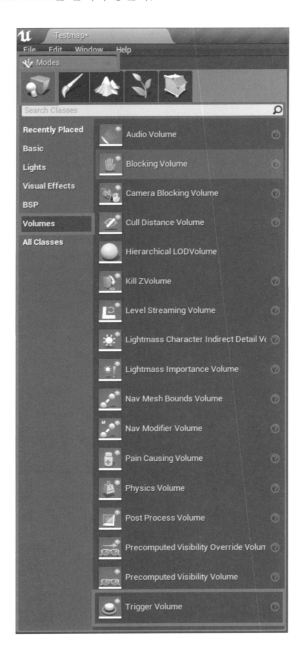

트리거 박스가 월드에 배치됐다면(트리거 박스의 크기는 자유롭게 조절하자.) 박스를 우클릭하고 Add Event ➤ OnActorBeginOverlap으로 이동한다.

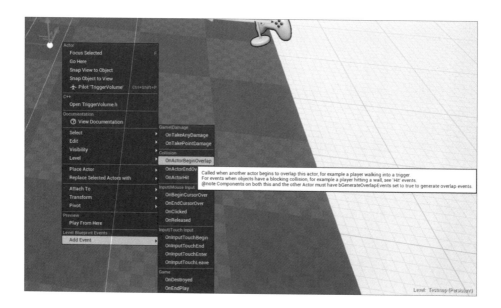

레벨 블루프린트의 트리거 볼륨을 위한 새로운 오버랩 이벤트를 추가할 것이다. 트리거를 벗어나면 마티네를 멈춰야 하므로 트리거 볼륨을 다시 우클릭한 후 Add Event ➤ OnActorEndOverlap으로 이동한다. 이제 레벨 블루프린트에 두 개의 이벤트가 있다(Begin Overlap과 End Overlap).

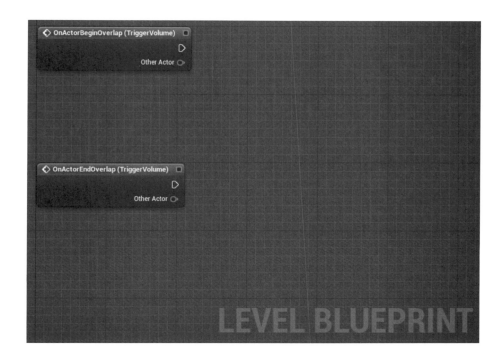

두 오버랩 이벤트는 현재 트리거 볼륨과 겹쳐 있는 액터를 제공한다. 이 정보를 이용해 캐릭터가 겹쳐 있을 때만 마티네를 플레이할 것이다. 다음 과정을 따라하자.

1. OnActorBeginOverlap 이벤트의 Other Actor 핀을 끌어다 놓자. 결과 컨텍스트 윈도우에서 Cast To Character를 입력하고 선택한다.

2. OnActorBeginOverlap의 실행 핀을 방금 만든 캐스트 노드와 연결한다.

3. 마티네를 플레이하려면 우선 레벨 블루프린트에서 마티네 참조를 만들어야 한다. 월드의 마티네 아이콘을 선택하고 레벨 블루프린트 내에서 우클릭한다. 결과 컨텍스트 창에서 Create a reference to Matinee Actor를 선택한다. 이는 월드의 마티네 액터를 참조하는 새로운 노드를 생성할 것이다. 이 노드에서 새 와이어를 드래그하고 Play를 입력한 후 선택한다.

4. 캐릭터 노드의 출력 핀을 마티네 플레이 노드와 연결한다.

5. 트리거를 벗어났을 때 마티네를 정지시키려면 이전과 같은 작업을 하되 플레이 노드 대신 Stop 노드를 사용한다.

최종 그래프는 다음과 같아야 한다.

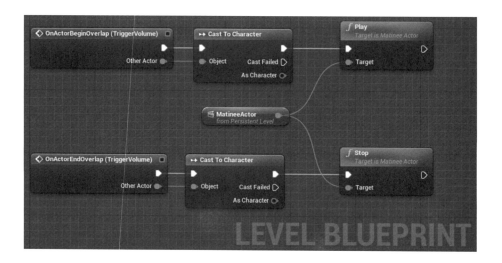

이제 게임을 플레이하고, 트리거와 겹치면 마티네가 실행될 것이다.

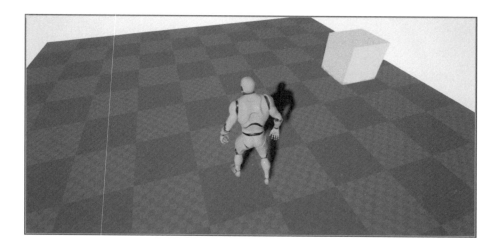

컷신 카메라

마티네를 생성하고 오브젝트를 이동하는 법을 배웠으니 이제 간단한 컷신^{cutscene}을 만드는 방법을 알아본다. 이 절에서는 마티네가 트리거됐을 때 큐브를 포커스하는 카메라를 만들 것이다.

카메라를 만들려면 오른쪽 위치로 뷰포트 카메라를 이동한다. 그리고 에디터 뷰포트에서 마티네 카메라가 있길 원하는 장소로 이동한다. 다음 스크린샷에서 카메라를 배치한 모습을 볼 수 있다.

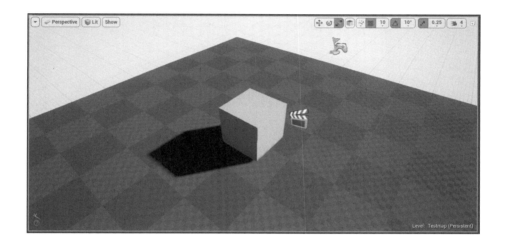

원하는 위치로 이동했다면 마티네 윈도우를 연다. 툴바에서 Camera 버튼을 누르면(새 그룹 이름을 입력할 수 있을 것이다.) 현재 뷰포트 카메라 위치에 카메라가 생성된다.

두 트랙에 새 카메라 그룹 또한 생길 것이다. Field of View^{FOV}와 Movement다.

FOV 트랙을 사용하지 않으므로 우클릭으로 선택하고 Delete Track을 선택하거나 Delete를 눌러 트랙 목록에서 삭제할 수 있다.

선택된 카메라의 Movement 트랙과 함께 타임 바를 시퀀스의 마지막으로 이동한다. 그다음 에디터 뷰포트에서 마티네로 생성한 카메라를 선택하고 새 위치로 이동한다. 이 예제에서는 카메라를 오른쪽으로 이동하고 30도 회전시켰다. 다음 스크린샷에서 카메라의 최초 위치와 시퀀스 마지막의 새 위치를 볼 수 있다.

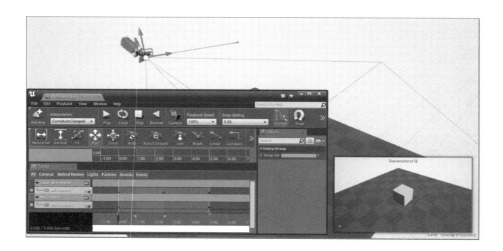

이것은 카메라의 새 위치다.

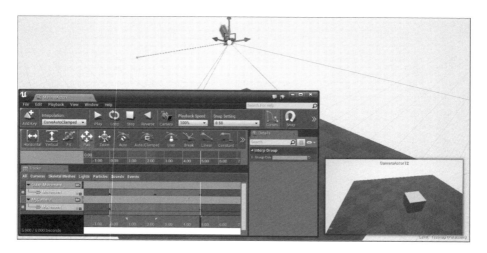

지금 플레이하고 이전에 설치한 트리거 볼륨에서 마티네를 트리거하면 큐브가 예전처럼 움직이지만 카메라에서 볼 수는 없을 것이다. 지금 설치한 카메라로 보려면 마티네에 Director 트랙을 추가해야 한다. 그럼 디렉터 그룹이 뭔지 살펴보자.

디렉터 그룹

디렉터 그룹^{Director group}은 마티네의 비주얼과 오디오를 조절하는 메인 함수를 제공한다. 이 그룹의 중요 함수는 시퀀스에서 보일 카메라 그룹이 어떤 것인지 선택하는 것이다. 마티네에 여러 카메라가 있을 때는 이 그룹을 사용해 한 카메라에서 다른 카메라로 이동한다.

새 디렉터 그룹을 생성하려면 트랙을 우클릭한 후 **Add New Director Group**을 선택한다. 그럼 분할된 새 그룹이 다른 모든 그룹의 위에 열릴 것이다.

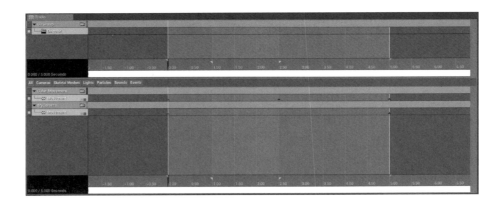

이 그룹에 카메라가 하나만 있으므로 디렉터 트랙에 하나 더 추가할 것이다. 디렉터 트랙을 선택하고 엔터 키를 누른다. 새로운 팝업이 나타나 어떤 트랙을 고를지 물을 것이다. 여기서는 MyCamera 그룹을 고르자(마티네 툴바의 Camera 버튼을 사용해 생성한 그룹이다). MyCamera는 내가 고른 이름이다. 새 키프레임은 MyCamera [Shot0010]이라는 이름으로 디렉터 트랙에 추가될 것이다. 이는 이 마티네가 플레이될 때 MyCamera 그룹을 통해 볼 것이라는 의미다. 나중에 카메라를 더 추가하면 디렉터 그룹에서 카메라를 전환할 수 있다.

결과는 다음과 같이 보일 것이다.

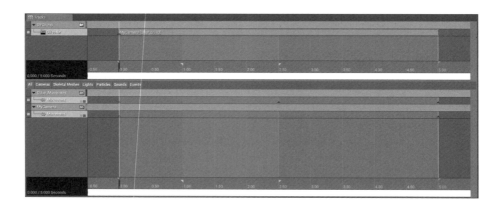

이제 게임에서 마티네를 플레이하면 새로운 카메라 뷰를 통해 볼 수 있다.

때때로 컷신이 플레이될 때 플레이어 이동(컷신이 활성화됐을 때 이동 같은 모든 플레이어 입력을 비활성화한다.)과 HUD 등을 없애면 더 좋을 수도 있다. 이렇기 하기 위해 월드의 마티네 액터를 선택하고 디테일 패널에서 필수 옵션을 설정할 수 있다.

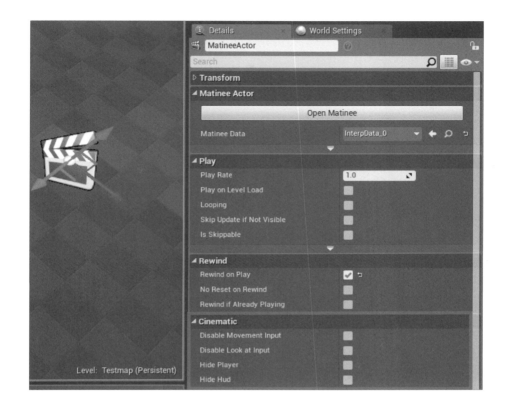

요약

마티네는 게임 시네마틱을 만드는 데 매우 유용한 도구다. 마티네를 이용하면 여러 카메라 및 다른 비주얼/오디오 효과와 함께 아주 멋지고 전문적인 시네마틱을 만들 수 있다. 7장에서 오브젝트와 카메라를 조작하는 방법을 배웠으므로 이제 CCTV처럼 작동하는 카메라가 있는 엘리베이터 움직임을 만드는 데 도전해보자.

8

언리얼 모션 그래픽

언리얼 모션 그래픽^{UMG, Unreal Motion Graphics}은 게임 내의 헤드 업 디스플레이^{HUD, Head Up Display}, 메인 메뉴, 이외의 UI 요소를 만드는 데 사용하는 UI 저작 도구다. 위젯 블루프린트라는 특별한 블루프린트를 사용해 생성되며, 위젯 블루프린트는 인터 페이스를 만드는 데 사용 가능한 미리 정의된 다양한 위젯을 포함하고 있다. 지 금부터 UMG를 살펴보자.

8장에서는 UMG 위젯을 생성하고 캐릭터의 체력을 보여주기 위해 캐릭터에 위 젯을 적용하는 방법을 설명한다. 또한 떠다니는 체력 바를 만드는 방법도 알아 본다.

프로젝트 설정하기

시작하기 위해 언리얼 엔진 4를 실행하고 Third Person Template로 새 프로젝트를 만든다.

체력 바를 가진 HUD를 만들기로 했으니 3인칭 캐릭터 블루프린트에 새 로운 체력 변수를 추가하자. ThirdPersonBP/Blueprints 폴더에 있는 ThirdPersonCharacter 블루프린트를 연다.

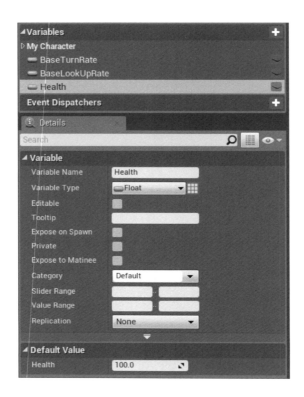

캐릭터 블루프린트 내에서 Health라는 이름의 새 변수를 만들고 다음 단계를 수행한다.

- 변수 타입을 Float로 설정하고 기본값을 100으로 한다. 다음 단계는 플레이어 총 체력의 퍼센트를 보여주는 순수 함수를 만드는 것이다.
- 캐릭터 블루프린트 내에서 새 함수(예를 들면 GetHealthPercentage)를 생성하고 연다.
- 함수 그래프에서 Health 변수를 얻어 Health 변수의 기본값으로 나눈다. 이러면 플레이어 체력의 퍼센트를 얻을 것이다. 클래스 변수의 기본값을 얻으려면 그래프를 우클릭하고 Get Class Defaults를 검색한다. 이 노드는 생성한 변수의 기본값을 반환할 곳이다.

- 이제 이 함수를 위한 새로운 출력(float 타입)을 생성하고 결과(나누기 노드)를 이 출력과 연결한다. 이 함수는 이제 플레이어 체력의 퍼센트를 반환할 것이다. 예를 들어 플레이어 체력이 42라면 100(기본 체력 값)으로 나눈 0.42를 반환한다. 이 정보를 HUD에서 떠다니는 체력 바로 사용할 프로그레스 바에 이용할 것이다.

결과 블루프린트 함수는 다음과 같다.

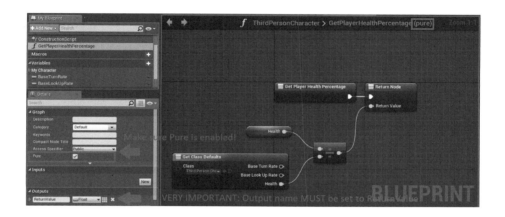

 ReturnValue에 출력 이름을 설정하는 것은 아주 중요하다.

이제 UMG 위젯을 만들고 이 함수를 사용해 플레이어 체력을 출력할 것이다.

HUD 위젯 생성하기

새 위젯 블루프린트는 다음과 같은 방법으로 생성한다.

- 콘텐츠 브라우저에서 우클릭한다.
- User Interface 섹션 아래의 Widget Blueprint를 선택한다.

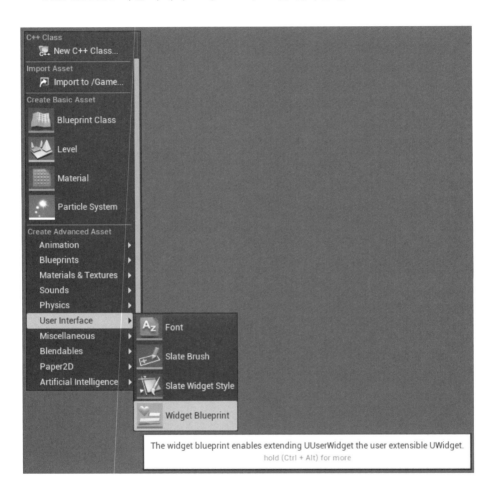

선택했다면 새로운 위젯 블루프린트가 콘텐츠 브라우저에 생겨날 것이며 이름을 입력하도록 할 것이다. 이 예제에서는 MyUMG_HUD라고 이름을 붙였다.

MyUMG_HUD를 더블 클릭해 연다.

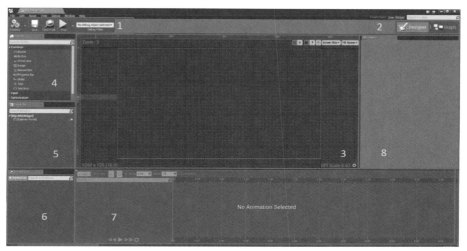

위젯 블루프린트 UI

이것이 위젯 블루프린트며 게임용 UI를 만드는 곳이다. 위젯 블루프린트 UI를 자세히 살펴보자.

- Toolbar: 컴파일, 저장, 플레이, 그래프 디버깅을 하게 돕는 일반적인 툴바다.
- Editor Mode: 디자이너 모드와 그래프 모드를 전환할 수 있다.
- Visual Designer: 모든 위젯들을 끌어다 놓아 게임에 나타날 UI를 만드는 메인 장소다.
- Palette: 비주얼 디자이너로 끌어다 놓을 수 있는 위젯 목록이다. 만들어 놓은 커스텀 위젯도 목록에 뜬다.
- Hierarchy: 위젯의 구조를 표시한다. 위젯을 여기에 끌어다 놓을 수도 있다.

- Animation List: 위젯의 다양한 속성을 애니메이트하는 데 사용 가능한 애니메이션 트랙을 새로 만들 수 있다.
- Animation Track Editor: 애니메이션을 새로 만든 후 여기서 애니메이션을 선택하고 키프레임을 생성할 수 있다.

이것을 플레이어 HUD로 사용할 것이므로 플레이어 체력을 보여주는 프로그레스 바를 만들어보자.

체력 바 생성하기

팔레트 윈도우에서 프로그레스 바를 끌어다 비주얼 디자이너에 놓자. 비주얼 디자이너에 배치했다면 원하는 크기로 변경할 수 있다. 원하는 위치대로 배치할 수 있지만, 이 예제에서는 화면의 왼쪽 하단 구석에 배치하기로 했다.

프로그레스 바 위젯을 선택하면 프로그레스 바 이름을 포함해 디테일 패널에서 수정 가능한 모든 속성을 볼 수 있다. 이 예제에서는 이 프로그레스 바 이름을 HealthBar로 변경했다. 프로그레스 바 위젯은 보이는 것을 포함해 변경 가능한 다양한 설정을 제공한다.

다음 스크린샷은 방금 배치한 체력 바다.

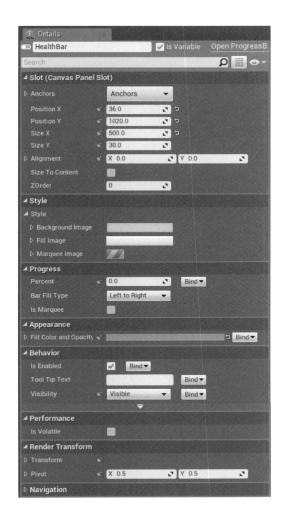

변경할 일반 설정 중 일부를 살펴보자.

Anchors: 위젯의 위치를 선언하며 다양한 화면 크기에도 유지한다. 기본적으로 16개의 앵커 포지션이 있으며, 일반적으로 그중 하나는 대부분의 경우에 충분하다. 그러나 앵커 위치를 직접 조절해야 할 때가 있다. 예를 들어 플레이어가 동적으로 콘텐츠 크기를 변경할 수 있는 인벤토리 시스템이 있다면 앵커 포지션을 직접 조절해야 한다. 이 예제에서는 앵커 위치를 화면의 왼쪽 하단 가장자리로 설정할 것이다.

- Position X: 위젯의 X축 위치를 나타낸다(가로).
- Position Y: 위젯의 Y축 위치를 나타낸다(세로).
- Size X: 위젯의 X축 크기를 나타낸다.
- Size Y: 위젯의 Y축 크기를 나타낸다.
- Alignment: 이것은 위젯의 피벗 포인트다. X와 Y를 둘 다 0.0으로 설정하면 피벗 포인트는 상단 왼쪽 가장자리가 되고, 1.0으로 설정하면 하단 오른쪽 가장자리가 된다. 앵커와 정렬 옵션을 사용해 정밀하게 위젯을 화면의 중앙에 둘 수 있다. 예를 들어 Alignment(X, Y 둘 다)를 0.5로 설정한 후 앵커를 중앙에 두고 Position X와 Position Y를 0.0으로 설정한다. 이렇게 하면 정확히 화면 중앙에 위젯이 위치하게 된다. 이는 크로스헤어^{crosshair}를 설정하는 데 사용할 수 있다.
- Size to Content: 활성화하면 Size X와 Size Y 값을 무시하고 위젯 콘텐츠에 맞춰 크기가 조절된다. 위젯이 Text Block이라면 주어진 텍스트의 크기에 맞춰 자동으로 크기가 조절될 것이다.
- ZOrder: 위젯의 렌더링 우선순위를 정한다. 높은 우선순위를 가진 위젯은 마지막에 렌더링되므로 다른 위젯보다 위에 나타난다.
- Style: 이 위젯의 생김새를 결정한다. 각 위젯은 고유한 스타일 세팅을 가지고 있다(텍스처나 머티리얼을 위젯에 이미지처럼 사용할 수 있다). 프로그레스 바 위젯이라면 스타일 카테고리는 프로그레스 바 채움 이미지, 배경 이미지, 마키^{marquee} 이미지를 변경할 수 있도록 할 것이다. 버튼이라면 버튼 상태에 따라 버튼 이미지를 바꿀 수 있다. 노멀^{Normal} 상태, 호버^{Hover} 상태, 프레스드^{Pressed} 상태 등이 해당된다.
- Percent: 주어진 값으로 프로그레스 바를 채운다. 값의 범위는 0-1이다. 이 예제에서는 캐릭터의 체력 퍼센트를 사용해 이 값을 조절할 것이다.
- Bar Fill Type: 프로그레스 바가 채워지는 방식을 결정한다. 왼쪽에서 오른쪽, 오른쪽에서 왼쪽, 중앙부터 등이 있다.

- Is Marquee: 마키 애니메이션 프로그레스 바를 활성화한다. 프로그레스 바가 활동을 보여주지만 멈출 때는 가리키지 않는다.
- Fill Color and Opacity: 프로그레스 바 채움 이미지의 색상과 투명도를 결정한다.

이제 프로그레스 바 세팅에 대해 알게 됐으니 계속해서 캐릭터의 체력 퍼센트를 방금 만든 체력 바와 연결하자. 우선 위젯 블루프린트 상단 왼쪽 구석의 Graph 버튼을 눌러 데이터 모드에서 그래프 모드로 전환한다. 클릭했다면 위젯에서 블루프린트 그래프 에디터를 볼 수 있다.

위젯 블루프린트의 왼쪽에서 내 블루프린트 탭을 볼 수 있다. 블루프린트 관련 장에서 배웠듯이 여기가 변수를 생성하는 곳이다. 새 변수(MyCharacter라고 이름을 붙였다.)를 생성하고 타입을 Third Person Character로 설정한다. 참고를 위해 다음 스크린샷을 보자.

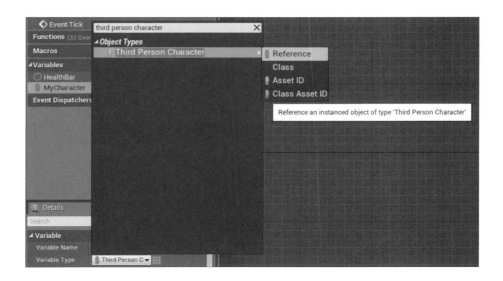

생성했다면 디자이너 모드로 돌아가 프로그레스 바를 선택한다. 디테일 패널에서 퍼센트 값 주변에 있는 Bind 옵션을 볼 수 있다. 클릭하면 새롭게 생성한 MyCharacter 변수를 보여주는 새 드롭다운 메뉴를 볼 수 있다. 마우스를 올리면 이전에 만든 GetPlayerHealthPercentage 함수를 볼 수 있다.

클릭하면 캐릭터의 체력 퍼센트 값을 프로그레스 바로 설정할 것이다.

 Bind 드롭다운에서 캐릭터 변수를 보지 못했다면 위젯 블루프린트가 컴파일됐는지 확인하자.

HUD를 캐릭터에 할당하기

HUD의 설정이 끝났으므로 캐릭터에 할당할 시간이다. 위젯 블루프린트를 닫고 ThirdPersonCharacter 블루프린트를 연다.

캐릭터 블루프린트 안에서 이벤트 그래프를 열고 다음 과정을 수행한다.

- 우클릭하고 결과 컨텍스트 메뉴에서 Event BeginPlay를 검색한 후 선택한다.
- Event BeginPlay의 실행 핀으로부터 선을 끌어다 놓는다. 컨텍스트 메뉴에서 Create Widget을 검색하고 선택한다.
- Create Widget 노드에서 클래스 핀의 MyUMG_HUD를 선택한다.
- Create Widget 노드의 반환 값으로부터 새 선을 끌어다 놓는다. 컨텍스트 메뉴에서 Set My Character를 검색하고 선택한다.

- 그래프 에디터를 우클릭하고 `self`를 검색한 후 Get a reference to self를 선택한다. 이 노드를 My Character 핀과 연결한다.
- 다시 Create Widget 노드의 반환 값으로부터 선을 끌어다 놓고 Add to Viewport를 검색한다.
- Set My Character 노드의 출력 실행 핀과 Add to Viewport의 입력 실행 핀을 연결한다.

결과 그래프는 다음과 같이 보여야 한다.

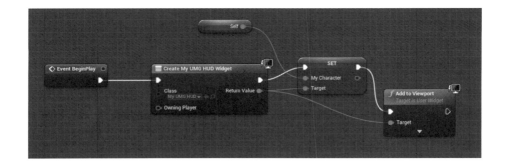

이제 게임을 플레이하면 체력 바가 완벽하게 채워진 것을 볼 수 있다.

체력 바가 여전히 비어있다면 GetHealthPercentage의 출력 이름이 ReturnValue인
지 확인하라.

테스트를 위해 `DecrementHealth`라는 이름의 새 함수를 생성하고 다음과 같이 그
래프를 만든다.

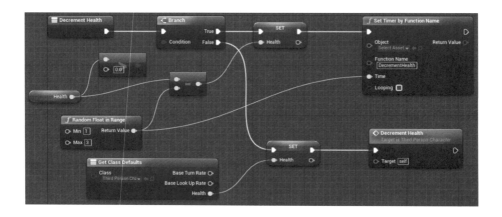

이후 내 블루프린트 탭에서 함수를 끌어다 놓고 **Add to Viewport** 노드와 연결한다.
이제 게임을 시작하면 랜덤으로 플레이어 체력이 내려가는 것을 볼 수 있다.

떠다니는 체력 바 만들기

이 절에서는 캐릭터 머리 위에 떠다니는 체력 바를 만드는 법을 배울 것이
다. 콘텐츠 브라우저로 돌아가서 새로운 위젯 블루프린트를 만들고 연다
(MyFloatingHealthbar라고 이름 짓겠다).

디자이너 탭에서 비주얼 디자이너의 상단 오른쪽 가장자리에 있는 **Fill Screen**이
라는 옵션을 볼 수 있다. 클릭하고 Custom으로 변경한다.

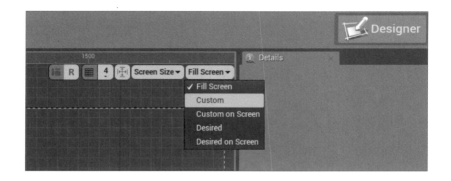

커스텀 모드는 위젯의 길이와 높이를 정할 수 있게 한다. 길이를 256, 높이를 32로 설정한다. 이제 다음 단계를 거쳐 새로운 프로그레스 바를 비주얼 디자이너 내로 끌어다 놓는다.

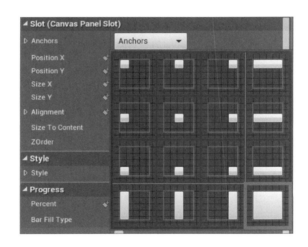

Anchors를 가장 마지막 앵커로 설정한다(fill anchor로 설정한다). 앵커는 다른 화면 크기에서도 같은 위치에 위젯이 위치하도록 하며, 이를 통해 화면에서 위젯이 잘려나가는 것을 방지한다. fill anchor 외에 fill bottom left side, fill right side, fill bottom area, fill top area, top left, center, right corners 같은 다른 프리셋 앵커들도 있다. 위젯의 위치를 기반으로 원하는 앵커를 선택할 수 있고, 게임에서 위젯은 앵커 포지션을 기반으로 한 위치에 있게 될 것이다.

이 예제에서는 앵커를 fill anchor로 설정했으므로 Position X와 Position Y, Size X
와 Size Y는 Offset Left, Top, Right, Bottom으로 각각 변경될 것이다. Offset Right와
Bottom을 0.0으로 설정한다. 프로그레스 바는 비주얼 디자이너의 길이와 높이에
딱 맞춰질 것이다.

이제 My Character라는 이름의 변수를 생성하고 타입을 ThirdPersonCharacter 블
루프린트로 설정한 후 Percent 값을 캐릭터의 GetHealthPercentage로 바인드한다.
HUD 위젯에서 했던 작업과 동일하다.

퍼센트 값 설정이 끝났다면 위젯 블루프린트를 닫고 ThirdPersonCharacter 블루프
린트를 연다. 뷰포트 탭으로 전환하고 컴포넌트 탭에서 Add Component를 클릭한
후 Widget Component를 선택한다.

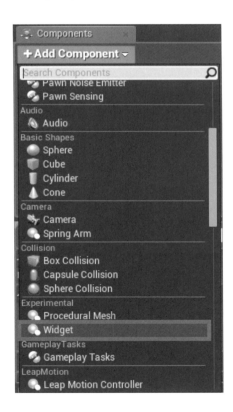

선택했다면 이 위젯 컴포넌트는 플레이어 캐릭터에 추가될 것이다. 새로 추가된 위젯 컴포넌트를 선택하고 디테일 패널에서 Draw Size를 MyFloatingHealthbar와 동일한 256, 32로 설정한다. 그다음에는 Widget Class를 MyFloatingHealthbar 클래스로 설정하고 Space to Screen을 설정한다. 마지막으로, 위젯을 원하는 위치로 이동한다. 이 예제에서는 캐릭터의 머리 위로 이동시켰다.

다음 스크린샷을 참고하라.

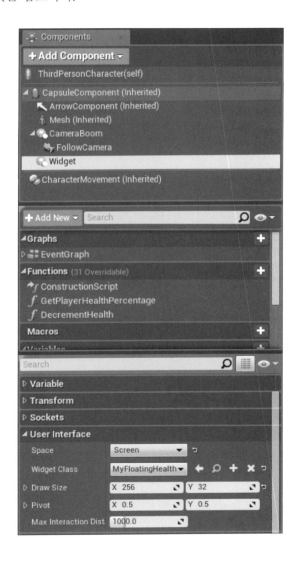

지금 플레이하면 플레이어의 머리 위에 체력 바가 떠 있지만 비어있는 것을 볼 수 있다. My Character 값을 떠다니는 체력 바에 할당하지 않았기 때문이다. 동작하게 하려면 다음 단계를 수행한다.

1. Construction Script 탭으로 전환한다.

2. Construction Script 탭의 아무 곳에서나 우클릭한 후 Get Widget을 검색하고 선택한다.

3. 방금 만든 위젯 노드로부터 새 선을 드래그하고 Get User Widget Object를 검색한 후 선택한다.

4. Get User Widget Object 반환 값 핀에서 새 선을 드래그하고 Cast to MyFloatingHealthbar를 검색한 후 선택한다.

5. Construction Script 핀의 결과 실행을 새로 생성한 캐스트 노드와 연결한다.

6. 출력 핀(My Floating Healthbar 같은)에서 새 선을 드래그하고 Set My Character를 검색한 후 선택한다.

7. 캐스트 노드의 이름 없는 출력 실행 핀을 Set My Character 노드와 연결한다.

8. 그래프 에디터에서 우클릭하고 self를 검색한 후 Get a reference to self를 선택한다. 이 노드를 My Character 핀과 연결한다.

이제 완료됐다. 플레이를 누르면 플레이어의 머리 위에 체력 바가 떠다니는 것을
볼 수 있다.

요약

UMG는 다양한 종류의 UI 효과를 만드는 데 사용된다. 이를 통해 떠다니는 체력
바 옆에 플레이어 초상화 이미지를 추가하거나 캐릭터에게 무기를 주고 무기의
탄환 개수를 보여주는 등 여러 가지 확장을 시도할 수 있다. 또한 게임의 다른 액
터(보물 상자 같은)에 위젯 컴포넌트를 추가해 액터에 대한 정보를 보여줄 수도 있
다. 비주얼 디자이너에서 UI를 배치하는 것은 단지 시작일 뿐이다. UI를 보기 좋
게 만들려면 위젯의 스타일을 변경해 모양과 느낌을 바꿔야 한다.

9
파티클

언리얼 엔진 4의 파티클^{particle}은 아티스트가 비주얼 이펙트^{visual effect}를 만들도록 돕는 강력한 에디터인 캐스케이드 파티클 에디터를 사용해 생성된다. 캐스케이드 에디터를 이용하면 최종 효과를 구성하는 다양한 모듈을 추가하고 수정할 수 있다. 파티클 에디터의 주요 임무는 생김새와 느낌이 머티리얼에 의해 종종 조절되므로 파티클 시스템 자체의 행동을 조절하는 것이다.

9장에서는 캐스케이드 파티클 에디터와 간단한 파티클 시스템을 만드는 법에 대해 배울 것이다.

캐스케이드 파티클 에디터

캐스케이드 파티클 에디터^{cascade particle editor}에 접속하려면 콘텐츠 브라우저에서 우클릭해 콘텐츠 브라우저에 파티클 시스템을 생성하고 난 후 선택해야 한다. 그러면 새로운 파티클 시스템이 생성되고, 여기에 새 이름을 붙인다. 이름을 입력하고 더블 클릭해 캐스케이드 파티클 에디터를 연다.

에디터를 열면 다음과 같은 윈도우를 볼 수 있다.

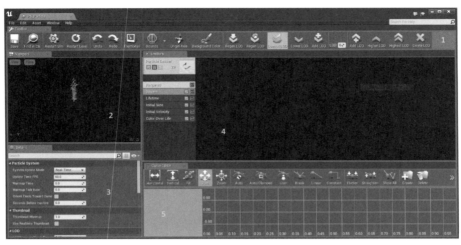

캐스케이드 에디터 UI

캐스케이드 파티클 에디터는 다섯 개의 주요 영역을 포함하고 있다.

- Toolbar: 시각화와 내비게이션 툴을 포함한다.
- Viewport: 현재 파티클 시스템을 보여준다.
- Details: 현재 파티클 시스템, 이미터, 모듈을 수정할 수 있도록 한다.
- Emitters: 실제 파티클 이미터며 이미터와 연관된 모듈을 포함한다.
- Curve Editor: 상대 시간 혹은 절대 시간에서 속성을 변경할 수 있는 에디터다.

툴바

툴바는 다양한 버튼을 포함하고 있다. 버튼들을 살펴보자.

- Save: 파티클 시스템을 저장한다.
- Find in CB: 콘텐츠 브라우저의 현재 파티클 시스템을 가리킨다.
- Restart Sim: 현재 시뮬레이션을 재시작(재설정)한다.
- Restart Level: Restart Sim과 같지만 레벨에 배치된 모든 인스턴스 또한 업데이트한다.
- Thumbnail: 콘텐츠 브라우저의 섬네일과 같이 뷰포트 뷰를 저장한다.

- Bounds: 파티클 바운드의 렌더링을 활성화 또는 비활성화한다.
- Origin Axis: 뷰포트의 원래 축을 출력한다.
- Regen LOD: 이것을 클릭하면 최고 LOD를 복제해 최저 LOD를 생성한다.
- Regen LOD: 이것을 클릭하면 최고 LOD에 기반한 값을 사용해 최저 LOD를 생성한다.
- Lowest LOD: 최저 LOD로 전환한다.
- Lower LOD: 그다음으로 낮은 LOD로 전환한다.
- Add LOD: 현재 LOD 다음에 새 LOD를 추가한다.
- Add LOD: 현재 LOD 이전에 새 LOD를 추가한다.
- Higher LOD: 더 높은 LOD를 선택한다.
- Highest LOD: 최고 LOD를 선택한다.
- Delete LOD: 현재 LOD를 삭제한다.

LOD는 플레이어의 거리에 따라 효과적으로 화면 공간을 사용하기 위해 파티클 이펙트를 업데이트하는 방법이다. 플레이어가 멀리 떨어져 있다면 렌더링하기에는 아주 작을 수 있어 이펙트를 기반으로 파티클 시스템에서 모듈이 될 수 있다. 불꽃을 상상해보자. 플레이어가 멀리 떨어져 있다면 파티클 시스템은 여전히 작동할 것이고 어떤 효과가 필요 없는지 계산할 것이다. 여기서 LOD를 사용한다. 디테일 레벨은 플레이어와의 거리에 따라 특정 모듈을 끄거나 이미터를 끌 수도 있다.

뷰포트

뷰포트는 전체 파티클 수, 바운드 등과 같은 정보들뿐 아니라 파티클 시스템의 실시간 변화를 보여준다. 상단 왼쪽 가장자리에서 뷰 버튼을 클릭해 Unlit, Texture Density, Wireframe mode 등의 다양한 뷰 모드로 전환할 수 있다.

내비게이션

다음 버튼을 사용해 뷰포트 내에서 이동할 수 있다.

- 마우스 왼쪽 버튼: 파티클 시스템 주변의 카메라를 이동한다.
- 마우스 중간 버튼: 카메라를 팬^{pan}한다.
- 마우스 오른쪽 버튼: 카메라를 회전한다.
- Alt+마우스 왼쪽 버튼: 파티클 시스템을 선회^{orbit}한다.
- Alt+마우스 오른쪽 버튼: 파티클 시스템에서 카메라를 앞 또는 뒤로 움직인다.
- F: 파티클 시스템에 포커스를 맞춘다.
- L+왼쪽 마우스: 라이트를 회전하며 Lit 머티리얼을 사용하는 파티클에만 영향을 끼친다. Unlit 머티리얼에는 효과가 없다.

뷰포트 내에서 파티클 시뮬레이션을 재생/일시 중지하거나 시뮬레이션 속도를 조절할 수 있다. 이 세팅들은 뷰포트의 Time 옵션 아래에서 접근할 수 있다.

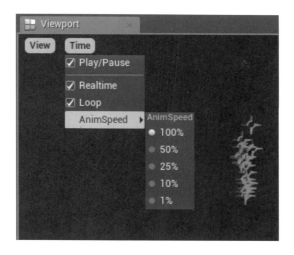

디테일

디테일 패널은 현재 선택된 모듈이나 이미터에 의해 변한다. 파티클 시스템의 메인 속성은 이미터 패널에서 아무것도 선택하지 않거나 이미터 리스트를 우클릭하고 Particle System > Select Particle System으로 이동해 접근할 수 있다.

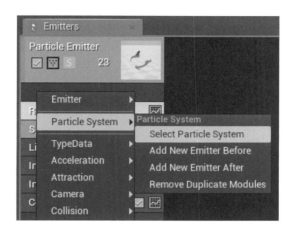

이미터

이미터^{Emitters} 패널은 파티클 시스템의 심장과도 같으며 모든 이미터의 세로 배열을 포함한다. 각 이미터 열에서는 파티클의 모양과 느낌을 바꾸는 다양한 모듈을 추가할 수 있다. 원하는 만큼 많은 이미터를 추가할 수 있으며 각각의 이미터는 최종 효과의 다양한 측면을 처리할 것이다.

이미터는 세 주요 영역을 포함하며 다음과 같다.

- 이미터 블록의 상단은 이름, 타입 등과 같은 주요 속성이다. 회색 영역을 더블 클릭해 이미터 열을 늘리거나 줄일 수 있다.
- 그 아래에서 이미터의 타입을 정할 수 있다. 이 공간을 비워놓으면 (위 스크린 샷처럼) 파티클은 CPU에서 시뮬레이션될 것이다.
- 마지막으로, 파티클이 어떻게 보이는지 정하기 위해 모듈을 추가할 수 있다.

이미터 타입

캐스케이드 에디터는 네 가지 이미터 타입을 가지며 다음과 같다.

- **Beam Type**: 이 타입을 사용할 때 파티클은 두 점을 연결하는 빔을 출력한다. 이는 출발점(이미터 자신 등)과 목표점(액터 등)을 지정해야 된다는 의미다.
- **GPU Sprite**: 이 타입을 사용하면 GPU에서 파티클을 시뮬레이션한다. 이 이미터를 사용하면 수천의 파티클 효과를 시뮬레이션하고 렌더링할 수 있다.
- **Mesh Type**: 이 타입을 선택하면 파티클은 파티클용 실제 스태틱 메시 인스턴스를 사용할 것이다. 파괴 효과를 시뮬레이션할 때 매우 유용하다(붕괴 같은).
- **Ribbon**: 이 타입은 파티클이 길처럼 되게 가리킨다. 모든 파티클은 (생성된 순으로) 리본을 형성해 각자 이어져 있다는 뜻이다.

커브 에디터

이것은 사용자가 파티클의 생존 시간 혹은 이미터의 생존 동안 바꿔야 하는 값을 조절하도록 돕는 기본적인 커브 에디터다. 커브 에디터에 대해 더 자세히 알고 싶다면 공식 문서(https://docs.unrealengine.com/latest/INT/Engine/UI/CurveEditor/index.html)를 참고하자.

간단한 파티클 시스템 만들기

파티클 시스템을 만들려면 다음 단계를 수행한다.

1. 콘텐츠 브라우저에서 우클릭한다.

2. 결과 컨텍스트 메뉴에서 파티클을 선택한다.

3. 새 파티클 시스템 애셋이 콘텐츠 브라우저에 생성될 것이며 이름을 입력할 수 있게 할 것이다.

4. 이 예제에서는 MyExampleParticleSystem이라고 이름을 붙였다.

5. 이제 더블 클릭해 파티클 에디터를 연다.

기본적으로 언리얼은 작업할 수 있는 기본 이미터를 생성한다. 이 이미터는 다음의 여섯 모듈을 포함한다.

- Required: 렌더링에 사용하는 머티리얼, 루핑 전에 이미터가 돌아야 하는 시간, 이미터의 루프 가능 여부 등과 같이 이미터에 필요한 모든 속성을 가진다. 이 모듈은 지울 수 없다.

- Spawn: 이 모듈은 파티클이 어떻게 스폰되는지 결정하는 속성을 가진다. 이를테면, 초당 몇 개의 파티클이 스폰되는지 등이다. 이 모듈은 지울 수 없다.

- Lifetime: 스폰된 파티클의 생존 시간이다.

- Initial Size: 스폰됐을 때 파티클의 최초 크기를 설정한다. 스폰 후에 사이즈를 추가하려면 Size by Life 또는 Size by Speed를 사용한다.

- Initial Velocity: 스폰됐을 때 파티클의 최초 속도를 설정한다. 스폰 후의 속도를 수정하려면 Velocity/Life를 사용한다.
- Color over Life: 파티클의 생존 시간에 따른 색상을 설정한다.

이 예제에서는 존재하는 이미터를 수정해 스파크처럼 보이는 GPU 파티클 시스템으로 만든다. 또한 콜리전을 추가해 월드와 파티클이 충돌하도록 할 것이다.

간단한 머티리얼 생성하기

파티클 관련 작업을 시작하기 전에 파티클에 적용할 간단한 머티리얼을 생성해야 한다. 새 머티리얼을 만들려면 다음 단계를 수행한다.

1. 콘텐츠 브라우저에서 우클릭하고 머티리얼을 선택한다. 이름은 마음대로 짓자.

2. 머티리얼 에디터를 열고 Blend Mode를 Translucent로 변경한다. GPU 파티클 콜리전이 불투명 머티리얼에서 작동하지 않기 때문에 필요하다.

3. 그다음에는 Shading Model을 Unlit로 변경한다. 스파크가 빛날 때까지 어떤 종류의 라이트에도 영향을 받지 않도록 하고 싶기 때문이다.

4. 마지막으로 다음과 같이 그래프를 생성한다.

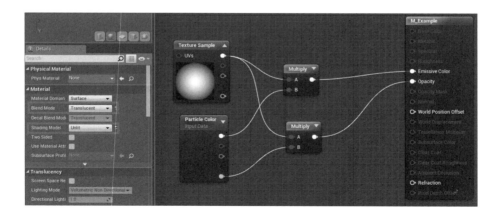

Texture Sample 노드의 원형 그래디언트 텍스처는 엔진에서 제공하는 것임을 참고하라. 이는 Greyscale이라 불린다.

이제 머티리얼을 가졌으니 파티클 시스템을 조정할 시간이다.

1. 필요한 모듈을 선택하고 Emitters 그룹 아래에서 이전 단계에 만든 머티리얼을 적용한다.

2. 이미터 아래의 검은 영역에서 우클릭하고 Type Data 아래의 New GPU Sprites를 선택한다. 이미터가 GPU에서 파티클을 시뮬레이션하게 할 것이다.

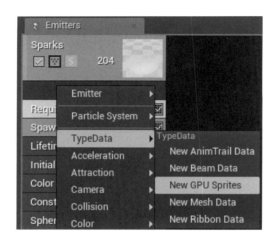

3. Spawn 모듈을 선택하고 Spawn 그룹 아래에서 Rate를 0으로 설정한다. 초당 정해진 개수의 파티클을 스폰하는 대신 한 프레임에 수천 개의 파티클을 나타나게 하기 위해서다.

4. Burst 그룹 아래에서 Burst 목록에 새 엔트리를 추가하고 Count를 100으로, Count Low를 10으로 설정한다. 이를 통해 100에서 10 사이의 값을 랜덤하게 선택하고 그만큼의 파티클을 스폰할 것이다.

최종 Spawn 세팅은 다음과 같다.

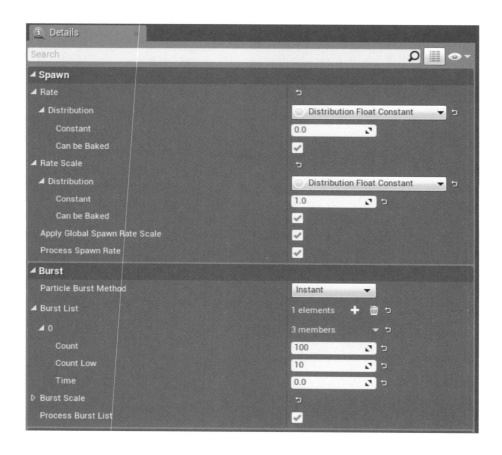

5. Spawn 설정을 조절한 후에는 파티클의 생존 시간을 0.4와 3.0으로 설정해 스폰된 각 파티클의 생존 시간이 0.4에서 3.0 사이가 되도록 한다. 이제 파티클을 스폰시키도록 했으므로 크기를 정할 시간이다. 크기를 정하려면 Initial Size 모듈을 선택하고 Max를 1.0, 10.0, 0.0으로, Min을 0.5, 8.0, 0.0으로 설정한다.

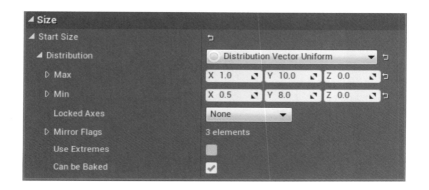

 GPU 스프라이트가 2D이므로 Z 값은 무시해도 된다. 그래서 0.0으로 설정했다.

6. Initial Velocity 모듈을 선택하고 Max를 100.0, 200.0, 200.0으로, Min을 -100.0, -10.0, 100.0으로 설정한다.

7. 이제 파티클을 월드로 끌어다 놓으면 파티클이 공중에서 반짝이는 것을 볼
수 있다.

 아무 일도 일어나지 않는다면 Real-Time이 에디터에서 켜져 있는지 확인하자
(Ctrl+R).

중력 추가하기

좀 더 사실적으로 보이도록 만들기 위해 파티클에 중력을 시뮬레이션할 것이다.
파티클 에디터로 돌아가 다음 단계를 수행한다.

1. 모듈 영역을 우클릭한다.

2. Acceleration 메뉴에서 Const Acceleration을 선택한다. 이 모듈은 주어진 가속을 기존의 파티클 가속에 추가하고 현재 및 기본 속도를 업데이트한다.

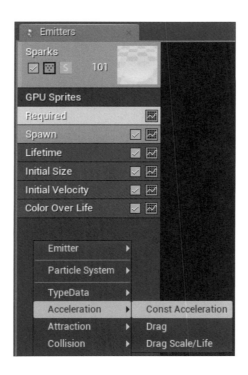

3. Acceleration 값으로는 0.0, 0.0, -450.0을 사용한다. Z의 음수 값(여기서는 -450)은 파티클이 중력에 영향을 받는다면 내려가도록 할 것이다.

 기본 중력 값은 -980.0이라는 것을 참고하라. 이 값으로 시도해볼 수도 있다.

이제 월드의 파티클을 본다면 파티클이 중력의 영향을 받을 때 내려가는 것을 확인할 수 있다.

Color Over Life 모듈 적용하기

이제 스파크처럼 보이게 했으니 색을 적용해보자. Color Over Life 모듈을 선택하고 다음 세팅을 적용한다.

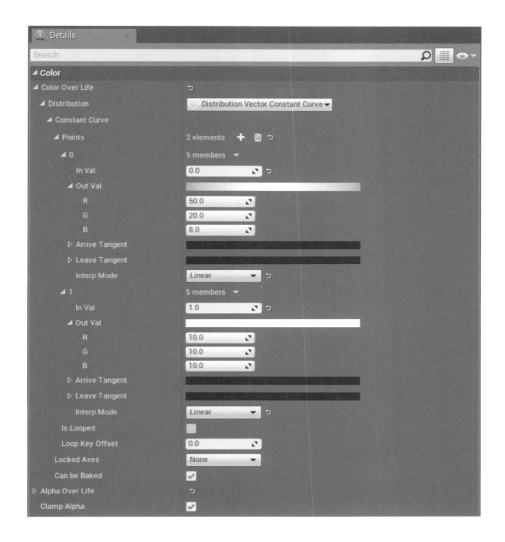

Color Over Life는 커브 값이며, 파티클의 생존 시간 중 특정 시점에 적용할 색상을
정할 수 있다는 의미다. 0.0은 시작이며 1.0은 끝이다. 위 스크린샷에서 파티클이
스폰됐을 때(In Val = 0.0)는 밝은 적색빛 오렌지색((50.0, 20.0, 8.0))을 적용하고 마
지막(In Val = 1.0)에는 밝은 흰색으로 적용한 것을 볼 수 있다.

콜리전 모듈 추가하기

이 이펙트를 완료했다면 콜리전 모듈을 추가해 파티클이 월드와 충돌하도록 만들자. 콜리전 모듈을 추가하려면 다음 과정을 수행한다.

1. 모듈 영역을 우클릭하고 Collision 메뉴에서 Collision을 선택한다.

2. Collision 모듈을 선택한다.

3. Resilience 값을 0.25로 설정한다. 이 값은 부딪힌 파티클이 덜 튕기도록 한다. 높은 Resilience는 파티클이 좀 더 튕기도록 한다.

4. Friction을 0.2로 설정한다. 이것은 파티클이 땅에 붙도록 할 것이다. 높은 Friction 값(1.0)은 파티클이 충돌 이후 움직이지 않도록 만들 것이며, 낮은 값은 파티클이 표면을 슬라이드하도록 만들 것이다.

이제 월드에 이 파티클이 있는 상태로 시뮬레이션이나 게임플레이를 했을 때 반짝이면서 월드와 부딪치지만, 그럼에도 매우 부자연스러운 것을 볼 수 있다. 그리고 매초마다 이 파티클이 계속 반복된다는 것을 쉽게 깨달을 수 있다. 이것을 방지하려면 다음 단계를 따른다.

1. 파티클 에디터를 연다.

2. 필요한 모듈을 선택한다.

3. Duration 세팅 아래의 Emitter Loops를 1로 설정한다. 기본값은 0이며 계속 루프한다는 의미다.

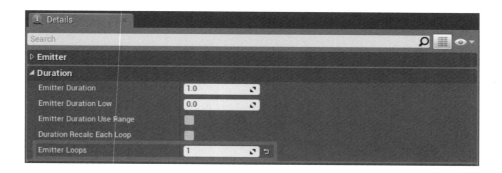

블루프린트에서 파티클 플레이하기

이제 파티클 이펙트가 준비됐으니 블루프린트로 플레이해보자.

1. 콘텐츠 브라우저를 우클릭한다.

2. 블루프린트 클래스를 선택한다.

3. 결과 윈도우에서 Actor를 선택한다.

4. 블루프린트를 더블 클릭해 에디터를 연다.

5. 콘텐츠 브라우저에서 만든 파티클을 선택한다.

6. 블루프린트 에디터를 열고 새 파티클 시스템 컴포넌트를 추가한다(파티클을 콘텐츠 브라우저에서 선택했다면 자동으로 선택된 파티클을 파티클 시스템 컴포넌트 템플릿으로 설정할 것이다).

7. Event Graph 탭으로 간다.

8. 그래프에서 우클릭한 후 Add Event 카테고리에서 Add Custom Event...를 선택한다.

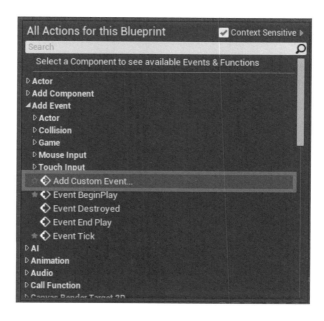

9. Custom Event 이름을 원하는 것으로 바꾸자. 이 예제에서는 ActivateParticle로 변경했다.

10. 다음과 같이 그래프를 생성한다.

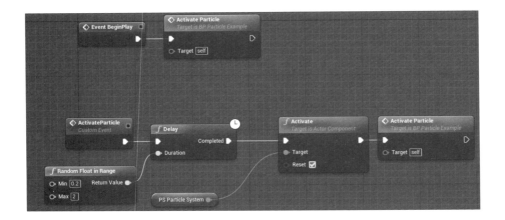

이 블루프린트는 게임이 시작됐을 때와 이벤트가 실행됐을 때, 그리고 랜덤하게 0.2에서 2 사이의 시간(초)을 선택했을 때 ActivateParticle을 실행할 것이다. 시간이 초과되면 파티클을 활성화하고 이 이벤트를 다시 부른다.

이제 월드로 이 파티클을 끌어다 놓고 플레이를 시작하면 파티클이 랜덤하게 반짝이는 것을 볼 수 있다.

요약

여기서부터 이 파티클을 확장하고 라이트를 추가함으로써 좀 더 실감 나게 보이도록 만들 수 있다. 라이트 모듈은 GPU 파티클과 함께 사용할 수 없으므로 또 다른 이미터를 생성하고 그곳에 라이트 모듈을 추가해야 한다는 점을 명심하자. 이제 GPU 파티클 데이터 타입에 대해 배웠으므로 빔 타입, 메시 타입, 리본 타입 등의 다른 데이터 타입을 사용하는 이미터를 더 추가할 수 있다. 9장을 비롯한 몇몇 장들에서 배운 내용을 활용하면, 데미지를 입었을 때 빛나는 파티클 이펙트를 발생시키는 라이트 메시를 포함한 블루프린트를 만들 수 있다.

10장에서는 C++의 세계로 빠져볼 것이다.

10

언리얼 C++ 소개

6장, '블루프린트'에서는 언리얼 엔진 4의 비주얼 스크립팅 언어인 블루프린트를 다뤘다. 이제 블루프린트의 기본 클래스를 만드는 데 사용된 C++에 대해 배울 것이다. 10장에서는 C++ 프로젝트(3인칭 템플릿을 사용할 것이다.)를 만드는 법과 캐릭터의 체력 및 체력 재생 지원을 추가하기 위해 수정하는 법을 설명한다. 또한 블루프린트로 변수와 함수를 공개하는 법도 알아본다.

10장은 마이크로소프트 윈도우 환경의 비주얼 스튜디오 2015를 사용해 C++ 코드를 작성하는 데 집중할 것이다.

비주얼 스튜디오 2015 설정하기

언리얼 엔진 4.10에서 프로젝트를 C++로 컴파일하려면 비주얼 스튜디오 2015가 필요하다. 사용 가능한 비주얼 스튜디오는 세 가지 에디션으로 구분된다. 그 목록은 다음과 같다.

- 커뮤니티 에디션community edition: 개인과 최대 다섯 명의 비상업적 조직에게는 무료로 제공된다. 이 책에서는 이 에디션을 사용한다.
- 프로페셔널 에디션professional edition: 유료 버전이며 작은 팀에 유용하다.

- 엔터프라이즈 에디션^{enterprise edition}: 규모와 복잡도 면에서 제한이 없는 프로젝트를 작업하는 큰 팀을 위한 것이다.

비주얼 스튜디오 2015 커뮤니티 에디션은 웹사이트(https://www.visualstudio.com/downloads/download-visual-studio-vs)에서 다운로드할 수 있다.

웹사이트를 방문했다면 Community 2015를 선택하고 다운로드할 포맷을 선택한다. 웹 인스톨러나 오프라인 인스톨러 중에서 하나를 선택해 다운로드할 수 있으며, 오프라인 인스톨러를 다운로드하려면 ISO 포맷을 선택한다.

다운로드가 끝나면 vs_community.exe를 더블 클릭해 비주얼 스튜디오 2015의 설치를 시작한다.

 비주얼 스튜디오 2015를 설치하기 전에 Programming Language 섹션 아래에서 Visual C++가 선택됐는지 확인하자. 언리얼 엔진 4와 함께 작업하는 데 필요하다.

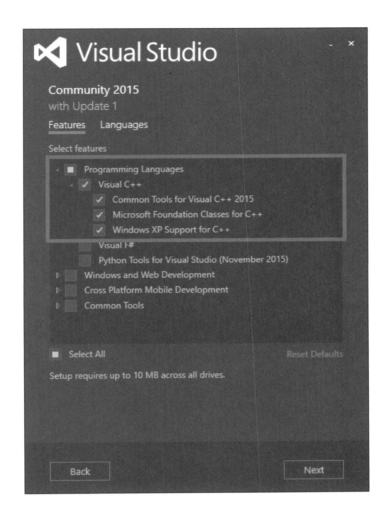

설치가 완료되면 컴퓨터를 재시작하라는 메시지가 뜰 것이다. 재시작하면 언리얼 엔진 4 C++를 시작할 준비가 됐다.

워크플로우 개선

개발자의 전반적인 사용자 경험을 증가시키기 위해 언리얼 엔진 4와 함께 작업하기 위한 비주얼 스튜디오 2015의 추천 세팅이 있다. 그중 일부는 다음과 같다.

- Show Inactive Blocks를 끈다. 그렇지 않으면 여러 코드 덩어리가 텍스트 에디터에서 회색으로 나타날 것이다(Tools ➤ Options ➤ Text Editor ➤ C/C++ | View).
- Set Disable External Dependencies Folders를 True로 설정해 필요 없는 폴더를 솔루션 익스플로러에서 사라지게 한다(Tools ➤ Options ➤ Text Editor ➤ C/C++ ➤ Advanced).
- Edit & Continue 기능을 끈다(Tools ➤ Options ➤ Debugging ➤ Edit and click on Continue).
- IntelliSense를 켠다.

C++ 프로젝트 생성하기

비주얼 스튜디오를 설치했으니 C++ 코드를 포함한 프로젝트를 만들 시간이다. 이 프로젝트에서는 언리얼 엔진 4가 제공하는 Third Person 템플릿을 확장하고 체력(체력 재생 포함) 서포트를 추가할 것이다.

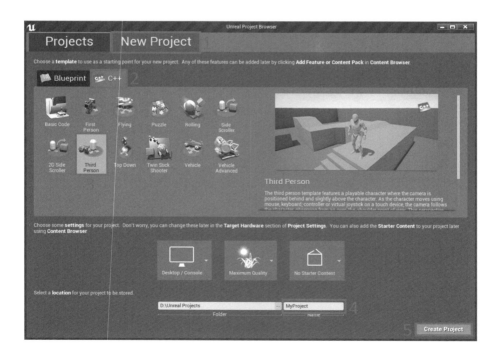

언리얼 엔진 4를 시작하고 프로젝트 브라우저가 나타나면 다음을 수행한다.

- New Project 탭을 선택한다.
- C++ 서브 탭을 선택한다.
- Third Person을 선택한다.
- 프로젝트의 이름을 입력한다.
- Create Project를 선택한다.

Create Project를 클릭하면 언리얼 엔진 4는 필요한 모든 기본base 클래스를 생성하고 프로젝트를 컴파일할 것이다. 컴파일은 몇 분 정도 걸릴 수 있다. 컴파일이 완료되면 프로젝트의 솔루션 파일(비주얼 스튜디오 파일)은 프로젝트와 함께 자동으로 열린다.

프로젝트가 열렸다면 한 가지 중요하게 여겨야 할 주요 변경점을 확인할 수 있다. 툴바에 새롭게 생성된 Compile이라는 버튼이다. 이 버튼은 프로젝트가 코드 프로젝트일 때만 나타난다.

이 버튼은 코드 변경을 재컴파일하고, 게임 실행 중이라도 곧바로 리로드하는 데 사용된다. 이 시스템은 핫 리로딩Hot Reloading이라 불리며, 프로그래머라면 이 기능을 널리 사용할 것이다.

캐릭터 클래스

이 프로젝트에는 캐릭터 클래스Character class가 포함되며, 게임 모드 클래스는 이미 사용 가능하다. 캐릭터 클래스가 만들어지는 방법을 살펴보자.

기본적으로 가지고 있는 것은 소스 파일(.cpp 확장자)과 헤더 파일(.h)이다. 넛셸nutshell에서 헤더 파일은 모든 선언을 포함하고, 소스 파일은 그 선언의 정의를 포함한다. 다른 파일에서 특정 메소드(또는 함수)에 접근하려면 #include ExampleHeader.h를 사용한다. 이 방법으로 해당 헤더 파일에 선언된 모든 함수에 접근할 수 있다.

다른 헤더 파일의 선언에 접근하는 것은 접근 지정자를 기반으로 한다. 10장의 후반부에서 이에 대한 내용을 다룰 것이다.

소스 파일(.cpp)과 헤더 파일(.h)을 언리얼 엔진 4에서 열려면 다음과 같이 한다.

- 콘텐츠 브라우저를 연다.
- **C++ Classes**로 이동한다.
- 프로젝트 이름 폴더를 선택한다.
- 캐릭터 클래스를 더블 클릭한다.

이렇게 하면 비주얼 스튜디오에서 소스 파일(.cpp)과 헤더 파일(.h)을 열 것이다.

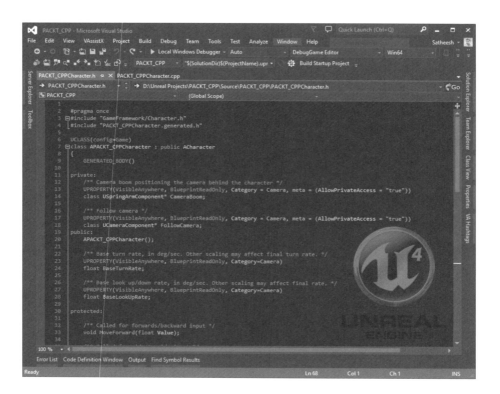

위 스크린샷은 캐릭터 클래스의 헤더 파일을 보여준다. 라인별로 살펴보자.

- #pragma once: 해시(#) 기호로 시작하는 모든 라인은 프리프로세서 디렉티브preprocessor directive로 불린다. 이는 컴파일러에게 실제 코드가 컴파일되기 전에 소개하는 것이라고 생각할 수 있으며, 해시(#) 기호로 시작하고 일반적으로 새 라인으로 끝난다. 역슬래시(\) 기호를 사용해 여러 줄로 쓸 수도 있다. 이 경우 #pragma once는 프리프로세서며 중복 include를 방지하는 일을 한다. #pragma once는 헤더 가드로 알려져 있다.

- #include: 이 파일에서는 두 개의 include 파일을 볼 수 있다. 하나는 GameFramework 폴더(UE4의 디렉터리다.)의 Character.h며 다른 하나는 generated.h 파일이다.

  ○ Character.h: 이 파일은 캐릭터 클래스가 언리얼 엔진 4의 ACharacter 클래스를 상속했기 때문에 포함됐다. 이는 캐릭터 클래스의 모든 선언에 접근하기 위해 필요하다.

  ○ generated.h: 이것은 언리얼 헤더 툴UHT, Unreal Header Tool이 자동으로 생성한다. USTRUCT() 혹은 UCLASS() 매크로를 선언했다면 생성되며, 이는 헤더 파일에 있는 타입 선언의 디테일을 포함한다. 이것은 헤더에서 마지막으로 포함include돼야 한다.

- 매크로Macro: 매크로 역시 프리프로세서 디렉티브며 #define으로 시작한다. 컴파일 직전에 컴파일러는 이 매크로가 사용된 모든 곳에 실제 값을 복사해서 붙여넣는다. 예를 들어 #define MyMacro 3.14와 같은 매크로를 생성하면 MyMacro가 사용된 모든 곳에 3.14가 복사된 후 붙여넣기될 것이다.

- UCLASS(config=game): 이것은 언리얼 매크로며 에디터가 새 클래스를 인식하도록 한다. 괄호 내에서 클래스 지정자와 메타데이터를 지정한다. 이 예제에서는 config 지정자를 지정했다. 이 지정자는 클래스가 주어진 설정 파일에 데이터를 저장하는 것을 허락했음을 의미한다. 이 경우에는 설정 파일의 이름이 '게임명Game.ini' 형태가 될 것이다.

- class APACKT_CPPCharacter: public ACharacter: 클래스 이름을 가리키며 어떤 클래스로부터 상속됐는지를 보여준다. 이 클래스는 Character 클래스를 상속받았다.

- GENERATED_BODY(): 이것은 클래스 본체의 맨 처음에 있어야만 하는 매크로다. 컴파일할 때 언리얼은 이것을 필요한 상용구 코드로 변환할 것이다. 컴파일 직전에 GENERATED_BODY()가 실제 코드로 변경된다는 뜻이다. 이 코드 덩어리가 클래스 컴파일에 필요하므로 사용하기 쉽도록 에픽이 이 매크로를 만들었다.

- private, public, protected: 이것들은 접근 지정자라고 불린다. 접근 지정자는 메소드가 다른 파일에서 접속 가능한지 여부를 결정한다. 접근 지정자는 다음과 같이 세 종류다.

  - private: 클래스 내의 멤버만 접근할 수 있다는 뜻이다. 이 예제에서 CameraBoom과 FollowCamera가 private 속성으로 설정됐다. 이것들은 이 클래스 내에서만 접근 가능하다는 의미다. 이 클래스를 상속하는 새 클래스를 만들어도 이 변수에 접근할 수 없다.

  - public: 다른 어떤 클래스에서도 이 멤버에 접근 가능하다는 뜻이다.

  - protected: 이 클래스와 이 클래스를 상속받은 클래스에서만 접근 가능하다는 뜻이다.

- UPROPERTY(): 속성 메타데이터와 지정자를 정의한다. 속성에 사용돼 블루프린트로 직렬화하고^{serialize}, 복제하고^{replicate}, 공개하는^{expose} 역할을 맡는다. 사용 가능한 UPROPERTY() 지정자는 여러 개 있으며, 그 모든 리스트를 보려면 https://docs.unrealengine.com/latest/INT/Programming/UnrealArchitecture/Reference/Properties/Specifiers/index.html을 방문하자.

- void: 이것은 어떤 데이터 타입도 반환하지 않는 함수임을 뜻한다. 함수는 float, int, bool, 혹은 오브젝트 같은 데이터 타입을 반환할 수 있지만 언제나

값을 반환할 필요는 없다. 이런 경우에 void 반환 타입을 사용해 이 메소드가 어떠한 데이터 타입도 반환하지 않는다고 명시할 수 있다. 또한 다른 자식 클래스에서 함수를 오버라이딩하는 것을 방지한다. 자식 클래스에서 함수를 오버라이딩하고 싶다면 virtual void로 만들어야 한다. virtual void로 만들면, 자식 클래스가 이 함수를 오버라이딩해 자신만의 로직을 구현하고 Super 키워드를 사용해 부모 클래스 함수를 호출할 수 있다.

이전 내용(프리프로세서, 매크로, 접근 선언자 등)들을 이해하면 언리얼 C++에서 작업하는 데 많은 도움이 될 것이다.

이와 더불어 더블 콜론(::), 하이픈 화살표(->), 점(.)의 사용도 여기서 언급할 만하다. 이것이 무엇인지 이해하고 사용하는 법을 배우는 것은 중요하며, 이들 중에서 특히 하이픈 화살표(->) 기호를 가장 많이 쓸 것이다. 그럼 각각에 대해 알아보자.

- 더블 콜론(::): 이 기호는 특정 네임스페이스나 범위로부터 메소드에 접근한다는 것을 의미한다. 예를 들어 다른 클래스의 스태틱 메소드를 호출하고 싶을 때 이 기호를 사용한다.

- 하이픈 화살표(->): 메모리 어딘가에 존재하거나 존재하지 않을 수 있는 어떤 데이터를 가리키는 데 사용된다. 이 기호를 사용하는 것은 포인터에 접근하려고 함을 뜻한다. 포인터는 그 포인터의 실제 데이터가 저장된 메모리 어딘가의 장소를 가리킨다. 포인터에 접근하기 전에 실제 존재하는지 확인하는 것은 언제나 좋은 생각이다. 포인터는 언리얼 C++에서 가장 중요한 부분 중 하나이므로 나싼 아이어(라마)가 제공한 문서(https://wiki.unrealengine.com/Entry_Level_Guide_to_ UE4_C%2B%2B#Pointers)를 읽어볼 것을 강력히 추천한다.

- 점(.): 데이터 그 자체에 접근하는 데 사용된다. 예를 들어 구조체 안의 데이터에 접근할 때 사용할 것이다.

체력 시스템 추가하기

캐릭터 클래스에 대해 알게 됐으니 캐릭터를 수정해 체력과 체력 재생 시스템을 추가하자. 시작하기 전에 여기서 우리가 수행할 일을 빠르게 살펴보자.

- 게임이 시작되면 플레이어의 현재 체력을 저장할 float 변수. 플레이어가 초기화됐을 때 플레이어는 최대 체력을 가지도록 한다.
- 액터 클래스의 TakeDamage() 함수를 오버라이딩한다.
- 플레이어가 데미지를 입으면 얼마나 데미지를 입었는지 확인하고 체력에서 그 값만큼 뺀다. 그다음에 체력을 재생하는 이벤트를 실행하는 타이머를 시작한다.

체력 변수 만들기

이제 시작해보자. 캐릭터 소스 파일을 열고 private 접근 지정자 아래에 다음 코드를 추가하자.

```
UPROPERTY( EditAnywhere, BlueprintReadWrite, Category = "My Character",
meta = (AllowPrivateAccess = "true") ) float Health;
```

여기서 Health 변수를 float 타입으로 선언했다. 또한 UPROPERTY를 float 변수에 추가하고 지정자로 EditAnywhere, BlueprintReadWrite, Category를 추가했다. EditAnywhere 지정자는 이 속성을 디테일 패널에서 수정 가능하도록 해준다. BlueprintReadWrite는 블루프린트에서 이 값을 얻거나 설정할 수 있도록 하며, 카테고리에 어떤 이름을 작성하든 간에 디테일 패널에 나타날 것이다. 컴파일하고 게임을 시작한 후 **ThirdPersonCharacter** 블루프린트(ThirdPersonCPP/Blueprints 에 있다.)의 디테일 패널을 보면 새로운 속성을 확인할 수 있다.

위 스크린샷에서 보듯이 0.0 값은 체력으로 알맞지 않다. 이제 할 일은 캐릭터 클래스의 소스 파일을 열고 클래스 생성자 아래에 다음 라인을 추가하는 것이다.

```
Health = 100.f; // .f는 옵션이다. 100.0으로 변경하는 것이 헷갈릴 수도 있다
```

생성자 클래스는 일반적으로 소스 파일의 첫 번째 선언이다. 생성자 클래스는 클래스명::클래스명() 과 같이 생겼다.

 //(더블 슬래시)로 시작하는 모든 라인은 주석이며 컴파일러는 주석을 무시한다.

생성자 클래스는 기본적으로 클래스의 기본값을 설정하는 곳이다. 이 경우에는 플레이어 체력의 기본값을 100으로 설정했다.

이제 언리얼 엔진 에디터의 Compile 버튼을 누르면 에디터는 새로운 변경을 컴파일하고, 컴파일이 완료되면 핫 리로드할 것이다. 컴파일이 완료되면 체력의 기본값이 새로운 값(100)으로 설정된 것을 볼 수 있다.

데미지 입기

이제 체력이 설정됐으므로 캐릭터 클래스에서 접근해 변경할 수 있다. 이제 플레이어가 데미지를 입을 때마다 이 값을 업데이트해야 한다. 캐릭터가 액터 클래스이므로 TakeDamage() 함수를 사용해 체력을 업데이트할 수 있다. 이를 위해 캐릭터 헤더 파일에 다음 코드를 추가한다.

```
virtual float TakeDamage( float Damage, struct FDamageEvent const&
DamageEvent, AController* EventInstigator, AActor* DamageCauser )
override;
```

 TakeDamage는 가상 함수며 이미 Actor 클래스에 존재한다. 가상 함수 안에 커스텀 로직을 넣고 싶을 때는 override 키워드를 포함하는 것을 잊지 말자. 이 방법으로 컴파일러에게 이 함수의 선언을 부모 클래스에서 찾도록 한다. 만약 기본 클래스 선언이 발견되지 않거나 변경됐다면 컴파일러는 에러를 던질 것이다. override 키워드가 없다면 컴파일러가 새 선언으로 취급한다는 것을 염두에 두자.

TakeDamage 함수는 몇몇 파라미터를 얻어 실제 받은 데미지를 float 값으로 반환한다. 이 함수에서는 우선 체력이 0 이상인지 확인할 것이다. 0 이상이라면 체력을 Damage 값만큼 줄일 것이다. 아니라면 단순히 0을 반환한다.

```
float APACKT_CPPCharacter::TakeDamage(float Damage, struct FDamageEvent
const& DamageEvent, AController* EventInstigator, AActor*
DamageCauser)
{
  // float 값을 반환하는 부모 클래스의 실제 TakeDamage를 호출하기 위해
  // Super 키워드가 사용됐다. 이 값을 float 타입인 ActualDamage로 할당할 것이다
  const float ActualDamage = Super::TakeDamage(Damage, DamageEvent,
  EventInstigator,
  DamageCauser);
  // 체력이 있는지 확인한다
  if (Health > 0.0)
  {
    // 체력을 받은 데미지만큼 줄인다
    Health = Health - ActualDamage;
    // 실제 받은 데미지를 반환한다
    return ActualDamage;
  }
  // 플레이어 체력이 없으므로 0을 반환한다
  return 0.0;
}
```

위 예제에서 주석을 어떻게 사용하는지 볼 수 있었고 코드를 나중에 읽을 때 주석이 어떤 도움을 주는지 확인했다. `TakeDamage` 함수는 우선 실제 적용할 데미지를 반환하는 부모 클래스 함수를 호출했다. 이 값을 `ActualDamage`라는 지역 변수에 저장했다. 이제 체력 값이 0.0 이상인지 확인하고, 체력 값이 0.0 이상이라면 체력을 `ActualDamage float` 변수만큼 감소시킨 후 그 값을 반환한다. 가상 함수를 오버라이딩하고 커스텀 로직을 구현했다 하더라도 `Super::함수명()`을 사용해 부모 클래스의 함수 기능을 사용할 수 있다. `TakeDamage()` 함수가 가상이고 이 함수를 오버라이딩 했으므로, `Super::TakeDamage()`를 사용해 액터에게 적용되는 데미지 로직이 선언된 부모 클래스의 실제 함수를 호출한다.

체력 재생

이제 캐릭터가 데미지를 입을 수 있으므로 시스템을 좀 더 수정해서 체력 재생을 추가할 것이다. 체력 재생 시스템은 기본적으로 `float` 변수를 기반으로 체력을 재생시킬 것이며 기본값은 매 1초마다 1.0으로 설정한다. 이 설정들은 블루프린트 에디터로 노출할 것이며, 이후에는 게임을 다시 컴파일하지 않고도 변경할 수 있다.

그럼 체력 재생 시스템을 신속히 살펴보자.

- 타이머를 사용해 체력을 재생시킨다.
- 플레이어가 데미지를 입으면 타이머를 클리어[clear]한다.
- 데미지를 입고 나면, 타이머를 2초 후 재시작하도록 설정한다. 타이머는 체력을 재생시키는 커스텀 함수를 호출할 것이다.
- 타이머가 종료되면 체력을 1 증가시키는 커스텀 이벤트를 호출한다. 이 타이머는 플레이어가 최대 체력이 될 때까지 계속 동작할 것이다.

그러므로 우선 해야 할 것은 `TimerHandle`이다. 이것은 타이머에 바인드된 동일한 메소드를 가진 타이머를 식별하는 데 도움이 된다. `TimerHandle`을 선언하려면 캐릭터 헤더 파일을 열고 `GENERATED_BODY ():` 코드 아래에 다음 코드를 추가한다.

```
FTimerHandle TimerHandle_HealthRegen;
```

TimerHandle에는 어떤 이름이든 사용 가능하다. 여기서 HealthRegen 이전의 TimerHandle_은 옵션이다.

이제 사용할 타이머에 대해 알았으므로 RegenerateHelath 함수를 작동시키기 위한 두 float 변수를 추가하자.

- 첫 번째 변수는 InitialDelay라고 이름 붙였다. 이 변수는 데미지를 입은 후 RegenerateHealth를 호출하는 데 사용된다. 기본값은 2로 설정한다.
- 두 번째 변수는 RegenDelay라고 한다. TakeDamage 함수로부터 회복이 시작될 때, 이 RegenDelay 시간을 사용해 RegenerateHealth 함수를 다시 호출한다. 기본값은 0.5로 설정한다.

다음은 변수다.

```
/* 데미지를 받은 후 Regenerate Health는 이 변수만큼의 시간(초)이 지난 후에 호출된다 */
UPROPERTY( EditAnywhere, Category = "My Character" ) float InitialDelay;
/* 체력을 회복하는 시간이다 */
UPROPERTY( EditAnywhere, Category = "My Character" ) float RegenDelay;
```

또한 RegenerateAmount라는 이름의 새 속성을 추가하고 블루프린트 에디터에 노출할 것이다.

```
UPROPERTY( EditAnywhere, BlueprintReadWrite, Category = "My Character",
meta = (AllowPrivateAccess = "true") ) float RegenerateAmount;
```

RegenerateAmount 변수에서 새로운 메타 선언자 AllowPrivateAccess를 볼 수 있다. 이것은 private 접근 선언자에서 변수를 사용하고 싶지만 블루프린트(BlueprintReadOnly 혹은 BlueprintReadWrite)에서도 필요할 때 사용된다. AllowPrivateAccess가 없다면 컴파일러는 private 접근 선언자 아래의 변수를 lueprintReadWrite나 BlueprintReadOnly에서 사용할 때 에러를 던질 것이다. 마지막으로 새로운 함수 RegenerateHealth를 다음과 같이 추가한다.

```
void RegenerateHealth();
```

지금은 헤더 파일을 완료했다. 캐릭터 소스 파일을 열고 클래스 생성자(클래스 생성자가 클래스명::클래스명()인 것을 기억하자.) 안에 RegenerateAmount의 기본값을 1.0으로 추가하자.

 생성자 클래스는 블루프린트의 생성(construction) 스크립트가 아니다. 만약 생성 스크립트를 C++에서 구현하려면 OnConstruction 메소드를 오버라이딩해야 한다.

또한 RegenerateHealth 함수를 소스 파일에 다음과 같이 추가할 것이다.

```
void APACKT_CPPCharacter::RegenerateHealth()
{
}
```

이 함수 안에서 RegenerateAmount 값을 현재 체력에 더하는 코드를 작성할 것이다. 그러므로 다음과 같이 변경한다.

```
void APACKT_CPPCharacter::RegenerateHealth()
{
  if (Health >= GetClass()->GetDefaultObject<ABaseCharacter>()>Health)
  {
    Health = GetClass()->GetDefaultObject<ABaseCharacter>()->Health;
  }
  else
  {
    Health += RegenerateAmount;
    FTimerHandle TimerHandle_ReRunRegenerateHealth;
    GetWorldTimerManager().SetTimer( TimerHandle_ReRunRegenerateHealth,
    this, &APACKT_CPPCharacter::RegenerateHealth, RegenDelay );
  }
}
```

이제 이 코드를 분석해보자. 이 함수 내에서 가장 먼저 할 일은 현재 체력이 기본 체력 이상인지 확인하는 것이다. 그렇다면, 체력 값을 기본값으로 설정한다(생성자에서 설정한 값으로).

그렇지 않다면, RegenerateAmount를 현재 체력에 더하고 이 함수를 타이머로 재실행한다.

마지막으로, TakeDamage 함수를 수정해 HealthRegeneration을 추가한다.

```cpp
float APACKT_CPPCharacter::TakeDamage( float Damage, struct FDamageEvent
const& DamageEvent, AController* EventInstigator, AActor* DamageCauser )
{
// 적용된 실제 데미지를 얻는다
  const float ActualDamage = Super::TakeDamage(Damage, DamageEvent,
  EventInstigator, DamageCauser);
  if (Health <= 0.0)
  {
    // 플레이어의 체력이 없다. 그러므로 0.0을 반환한다
    return 0.0;
  }
  // 체력을 받은 데미지만큼 줄인다
  Health = Health - ActualDamage;
  // 체력이 0으로 줄어든 것이 처음이라면
  if (Health <= 0.0)
  {
    // 기본 타이머를 클리어한다
    GetWorldTimerManager().ClearTimer(TimerHandle_HealthRegen);
    return 0.0;
  }
  // 이미 작동하지 않는다고 해도 타이머를 설정해 Regenerate Health 함수를 호출한다
  if (!GetWorldTimerManager().IsTimerActive(TimerHandle_HealthRegen))
  {
    GetWorldTimerManager().SetTimer(TimerHandle_HealthRegen, this,
    &APACKT_CPPCharacter::RegenerateHealth, InitialDelay);
  }
  // 실제 받은 데미지를 반환한다
```

```
    return ActualDamage;
}
```

위 코드에서 체력이 0.0 이하인지 처음 확인했다. 만약 플레이어의 체력이 없다면 단순히 0.0을 반환한다. 그 외에는 체력 값을 줄이고 체력이 0 이하인지 확인한다. 체력이 0이면 타이머를 클리어하고, 그 외에는 체력 재생이 현재 활성화됐는지 확인한다. 활성화돼 있지 않다면, 새로운 타이머를 생성해 RegenerateHealth 함수를 실행하고 마지막으로 적용된 ActualDamage를 반환한다.

C++에서 블루프린트로

이제 캐릭터 클래스에 체력과 체력 재생 시스템을 가지고 있다. 현재 시스템의 한 가지 문제는 체력이 0이 된 후 캐릭터에게 어떤 일이 발생할지 아직 정해지지 않았다는 것이다. 이 절에서는 블루프린트에서 구현할 이벤트를 만들 것이다. 이 이벤트는 플레이어의 체력이 0.0에 도달하면 호출될 것이다. 이 블루프린트 이벤트를 생성하려면 캐릭터 헤더 파일을 열고 다음 코드를 추가한다.

```
UFUNCTION(BlueprintImplementableEvent, Category = "My Character") void
PlayerHealthIsZero();
```

위 코드에서 보듯이, PlayerHealthIsZero()라는 일반 함수를 추가했다. 이 함수가 블루프린트에서 동작하게 하려면 UFUNCTION 지정자를 추가하고, 그 안에 BlueprintImplementableEvent를 추가했다. 이것은 C++가 이 함수를 호출할 수 있으며 블루프린트 내에서 실행되지만 캐릭터 소스 파일에 이 함수의 정의를 추가할 수는 없다는 뜻이다. 대신 원할 때 소스 파일 내부에서 이 함수를 그냥 호출할 것이다. 이 예제의 경우, TakeDamage 이벤트 안에서 플레이어의 체력이 0이 되면 호출할 것이다. TakeDamage 함수를 다음과 같이 수정한다.

```
float APACKT_CPPCharacter::TakeDamage( float Damage, struct FDamageEvent
const& DamageEvent, AController* EventInstigator, AActor*
```

```
DamageCauser )
{
// 적용된 실제 데미지를 얻는다
   const float ActualDamage = Super::TakeDamage(Damage, DamageEvent,
   EventInstigator,
   DamageCauser);
   if (Health <= 0.0)
   {
      // 플레이어의 체력이 없으므로 0.0을 반환한다
      return 0.0;
   }
   // 체력을 받은 데미지만큼 줄인다
   Health = Health - ActualDamage;
   // 체력이 0으로 줄어든 것이 처음이라면
   if (Health <= 0.0)
   {
      // 기존 타이머를 클리어한다
      GetWorldTimerManager().ClearTimer(TimerHandle_HealthRegen);
      // 블루프린트 이벤트를 호출한다
      PlayerHealthIsZero();
      return 0.0;
   }
   // 이미 작동하지 않는다고 해도 타이머를 설정해 Regenerate Health 함수를 호출한다
   if (!GetWorldTimerManager().IsTimerActive(TimerHandle_HealthRegen))
   {
      GetWorldTimerManager().SetTimer(TimerHandle_HealthRegen, this,
      &APACKT_CPPCharacter::RegenerateHealth, InitialDelay);
   }
   // 받은 실제 데미지를 반환한다
   return ActualDamage;
}
```

위 코드에서는 타이머를 클리어한 후 PlayerHealthIsZero를 호출했다.

이제 컴파일하고 프로젝트를 실행할 시간이다. 비주얼 스튜디오에서 **F5**를 눌러 컴파일하고 프로젝트를 실행한다. 프로젝트가 로드됐다면, 캐릭터 블루프린트를 열어 디테일 패널에 새로운 변수가 노출된 것을 볼 수 있다.

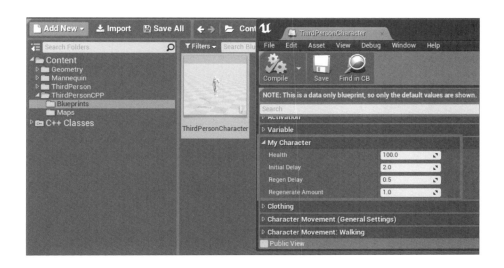

여기서 블루프린트 그래프를 열고 Player Health Is Zero 이벤트를 추가할 수 있다.

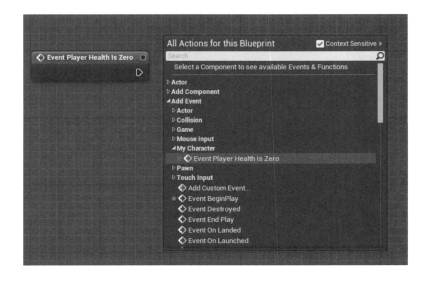

이 이벤트에서 사망death 애니메이션을 플레이하거나 몇몇 UI 화면 등을 보여주는 로직을 프로그래밍할 수 있다.

요약

언리얼 C++는 실제 C++와 비교하면 좀 더 배우기 쉽다. 이는 에픽 게임즈의 프로그래밍 위자드^{wizard}가 언리얼 C++를 재미있게 작성할 수 있도록 많은 기능을 구현했기 때문이다. 이 장에서 배운 내용을 바탕으로 갑옷^{armor} 시스템, 스태미너 ^{stamina} 시스템을 비롯해 캐릭터를 위한 그 밖의 것들을 포함하도록 확장할 수 있다. 또한 UMG와 블루프린트를 통합해 플레이어 체력을 보여주는 HUD와 플레이어 체력이 50 이하가 됐을 때 나타나는 작은 경고 시스템을 볼 수 있다. 11장에서는 출시용으로 프로젝트를 패키징하는 방법을 살펴본다.

11
프로젝트 패키징

이 책을 통해 언리얼 엔진 4의 기본을 배웠다. 11장에서는 모든 것을 복습하고 프로젝트를 스탠드얼론^{standalone} 게임으로 패키징하는 방법을 소개한다. 또한 빠른 배포를 위한 게임 패키징 방법과 출시 버전으로 게임을 패키징하는 방법도 다룰 것이다.

복습

1장에서는 언리얼 엔진 버전 간에 어떤 차이가 있는지 살펴봤다. 앞서 언급했듯이 런처 버전은 에픽이 당신이 사용하도록 바이너리 버전을 컴파일해놓은 것이다. 그러나 런처를 통해 받지 못하는 최신 빌드를 얻고 싶다면 유일한 방법은 깃허브에서 소스 코드를 얻는 것뿐이다. 언리얼 엔진의 소스 코드 버전을 받는다면 승격 브랜치^{promoted branch}에서 소스를 받길 권장한다. 에픽은 아티스트와 디자이너를 위해 승격 빌드를 열심히 작업하므로 대부분 매일 업데이트되며 최신 요소를 얻을 수 있다. 만약 정말로 귀찮은 것을 좋아하거나 가장 최신 빌드를 접하고 싶은 욕망이 있다면 마스터 브랜치로 가야 한다. 이 브랜치는 에픽이 직접 실시간으로 변경하므로 버그가 있을 수 있으며 컴파일에 실패할 수도 있다는 것을 명심하라.

엔진을 얻어 실행했다면 콘텐츠 브라우저로 애셋을 임포트할 수 있다. 콘텐츠 브라우저는 게임에서 사용되는 애셋을 저장하고 수정하는 곳이다. 콘텐츠 브라우저는 키워드, 태그, 애셋 타입, 필터 등을 기반으로 하는 검색 같은 많은 기능을 제공한다. 또한 콘텐츠 브라우저의 컬렉션 기능을 사용해 자주 사용하는 애셋을 레퍼런스로 추가할 수 있다. 검색할 때 이름 뒤에 하이픈(-)을 추가하면 특정 키워드를 제외할 수 있다. 예를 들어 floor라는 이름이 포함된 모든 애셋을 제외하려면 콘텐츠 브라우저에서 -floor로 검색한다. 그럼 floor라는 단어가 포함되지 않은 모든 애셋을 보여줄 것이다.

콘텐츠 브라우저의 또 하나의 대단한 기능은 Developers 폴더다. 팀으로 일할 때 다른 테크닉이나 애셋을 게임의 다른 부분에 영향을 미치지 않으면서 시도해보고 싶다면 특별히 유용하다. 한 가지 유의할 점은 개인 혹은 실험적인 작업을 위해서만 엄격하게 사용해야 하며 외부 애셋은 이 폴더로 참조하지 않아야 한다는 것이다. 예를 들어 게임에 추가하기 전에 테스트하고 싶은 애셋을 만들었다면, 여러분 자신의 Developers 폴더 내에 테스트 레벨을 생성하고 거기서 테스트할 수 있다. Developers 폴더를 다른 작업에 대한 영향 없이 원하는 모든 것을 해볼 수 있는 개인 놀이터처럼 생각하라. Developers 폴더는 기본적으로는 활성화돼 있지 않다. 활성화하려면 콘텐츠 브라우저의 오른쪽 아래 가장자리에 있는 View Option을 클릭하고 Show Developers Folder를 선택한다.

활성화하면 콘텐츠 브라우저의 Content 폴더 아래에서 Developers라는 이름의
새 폴더를 볼 수 있다.

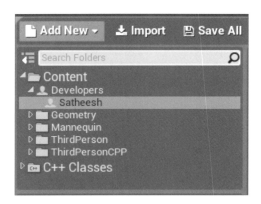

Developers 폴더 내의 폴더 이름은 자동으로 윈도우 사용자명으로 설정된다. 소
스 컨트롤(퍼포스나 서브버전 같은)을 사용 중이라면 Filters ＞ Other Filters 아래의
Other Developers 체크박스를 활성화해 Other Developers 폴더를 볼 수 있다.

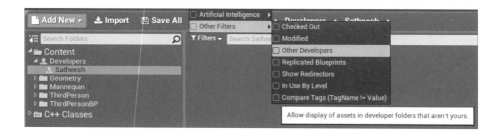

이것은 팀으로 일할 때나 다량의 애셋을 가지고 있을 때 많은 도움이 될 것이다.

임포트된 애셋을 콘텐츠 브라우저를 사용해 검색하는 방법처럼, 월드 아웃라이너를 사용하면 레벨에 배치된 애셋을 찾을 수 있다. 또한 레이어를 사용해 레벨에 배치된 애셋을 정렬할 수도 있다. 이 두 윈도우는 메뉴 바의 Window에서 소환 가능하다.

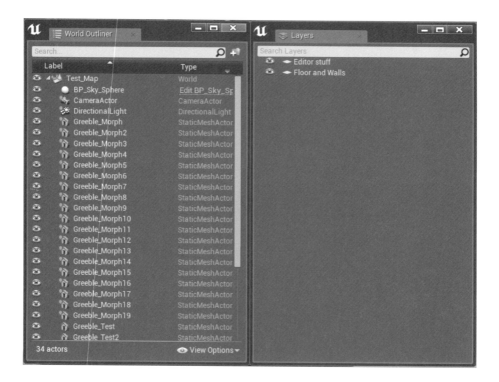

3장, '머티리얼'에서는 멋진 머티리얼 에디터와 사용할 일반 노드들을 다뤘다. 좋은 머티리얼 아티스트는 게임의 실제감을 완벽하게 바꿀 수 있다. 그리고 주요 머티리얼과 포스트 프로세싱은 게임을 실제처럼 보이게 하거나 카툰처럼 보이게 만드는 힘을 준다. 앞서 배운 일반 머티리얼 표현은 단순히 애셋의 색상을 정하는 데만 사용되지는 않는다. 다음의 머티리얼 네트워크를 생성하고 단순한 메시(구 같은)를 적용한 후 무엇이 일어나는지 확인하자.

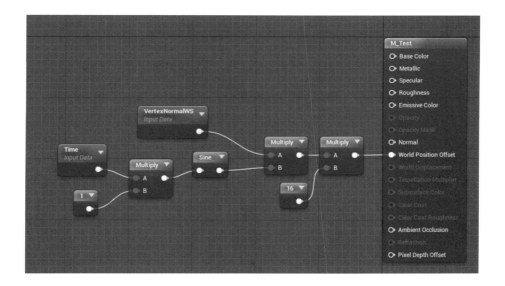

특정한 네트워크를 여러 번 사용하는 것을 발견했다면 그래프를 정돈할 수 있도록 머티리얼 함수를 만드는 것이 좋다.

게임 개발을 계속할수록 결국에는 포스트 프로세스 볼륨을 조절하기 시작할 것이다. 이것은 게임의 전반적인 모양새와 느낌을 수정할 수 있도록 한다. 포스트 프로세스를 블루프린트나 C++에서 컴바인combine한 후 게임플레이에까지 영향을 미치도록 그것을 사용할 수도 있다. 이를 위한 완벽한 예제는 〈배트맨 아캄〉 시리즈 게임으로부터의 디텍티브 비전이다. 포스트 프로세스의 머티리얼을 사용해 월드의 특정 오브젝트를 하이라이트하거나 다른 오브젝트 뒤에 있는 메시의 외각선을 그릴 수도 있다.

게임의 최종 모습을 담당하는 또 다른 중요한 부분은 라이팅이다. 이 책에서는 다양한 라이트 모빌리티와 일반 라이트 세팅을 포함한 모빌리티 간의 차이 및 게임 월드에 영향을 미치는 방법을 살펴봤다. 그리고 스태틱 글로벌 일루미네이션 해결책으로 에픽이 개발한 라이트매스 글로벌 일루미네이션에 대해서도 배웠다.

이미 알고 있듯이 라이트매스는 라이트를 굽는 데 사용되며, 이로 인해 다이내믹 라이트는 라이트매스로 지원되지 않는다. 게임에 라이트매스를 사용할 때는 더 나은 그림자를 위해 모든 스태틱 메시(무버블movable로 설정되지 않은)를 위한 두 번째 UV 채널이 있는지 확인해야 한다. 다이내믹 라이트(낮과 밤 같은 런타임 때 속성이 변할 수 있는 라이트를 뜻한다.)를 사용하려는 경우를 위해 에픽은 LPV^Light Propagation Volume 지원을 포함시켰다. 이 책을 저술하는 시점에서 LPV는 실험 단계며 완성되지 않았다. 여기서 한 가지 추가로 언급할 것은 반사되는 라이트 색을 바꾸는 방법이다. 다음 머티리얼 네트워크를 잘 살펴보자.

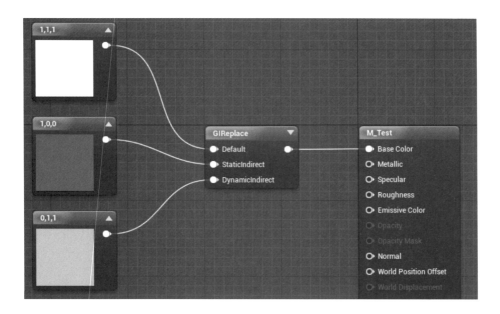

GIReplace 머티리얼 노드를 사용해 반사되는 라이트의 색을 바꿀 수 있다. 이전 머티리얼을 메시에 적용하고 라이트 빌드로 라이트매스를 사용한다면 반사되는 빛의 결과는 흰색이 아닌 빨간색이 될 것이다. 반사되는 빛이 다른 색을 가질 필요가 없더라도 이 노드를 사용하면 라이트매스 설정을 조절할 필요 없이 반사된 빛을 밝아지거나 어두워지게 할 수 있다.

기본적인 설정이 모두 완료됐다면 블루프린트로 이동하자. 블루프린트 비주얼 스크립팅은 강력하고 유연한 노드 기반의 에디터며 아티스트와 디자이너가 빠르게 게임의 프로토타입을 만들 수 있도록 한다. 우선적으로 두 가지 일반 블루프린트 타입으로 작업하는데, 하나는 레벨 블루프린트고 다른 하나는 클래스 블루프린트다. 이 블루프린트 안에는 이벤트 그래프, 함수 그래프, 매크로 그래프가 있다. 클래스 블루프린트 안에서 컴포넌트를 추가해 블루프린트가 무엇이고 무엇을 하는지 정한다. 블루프린트의 노드는 노드의 종류에 따라 다양한 색상을 가진다. 블루프린트를 시작했다면 모든 노드 색과 그 색의 뜻에 친숙해질 것이다. 액터 클래스로부터 클래스 블루프린트를 만드는 방법과 게임에서 다이내믹하게 스폰하는 방법도 배웠다. 또한 레벨 블루프린트를 통해 게임에서 오브젝트와 상호작용하는 방법도 살펴봤다. 레벨에 트리거를 배치하고 레벨 블루프린트에서 트리거를 위한 오버랩 이벤트를 생성했으며 마티네 시퀀스를 플레이하는 법도 배웠다.

마티네는 언리얼 엔진 4의 강력한 툴 중 하나로 시네마틱을 만드는 데 주로 사용되며, 마티네 UI와 기본적인 컷신을 만드는 법도 다뤘다. 마티네는 다른 비선형 비디오 에디터와 비슷하므로 비디오 편집 전문가가 마티네에 익숙해지기는 쉽다. 마티네가 시네마틱을 위한 것이라고 해도 문 열기나 엘리베이터 이동 같은 게임플레이와 관련된 요소에도 사용할 수 있다. 마티네를 사용해 시네마틱을 이미지 시퀀스나 AVI 포맷으로 내보낼 수도 있다.

마티네를 살펴본 이후 8장에서는 언리얼 모션 그래픽[UMG]을 다뤘다. UMG는 에픽이 개발한 UI 저작 도구다. UMG를 사용해 플레이어를 위한 간단한 HUD를 만들었으며 플레이어의 체력 바를 보여주기 위해 플레이어 블루프린트와 통신하는 법을 설명했다. 플레이어의 머리 위에 떠다니는 3D 위젯 또한 만들었다.

그 이후에는 캐스케이드 파티클 시스템을 살펴봤으며, 파티클 에디터와 캐스케이드 에디터 내의 다양한 윈도우를 설명했다. 기본을 배운 후에는 콜리전을 포함한 GPU 스프라이트를 사용하는 기본 파티클 시스템을 만들었다. 마지막으로는 파티클 시스템을 블루프린트로 가져왔고 커스텀 이벤트와 딜레이 노드를 사용해 랜덤하게 파티클을 터트리는 방법을 배웠다.

마지막으로는 C++의 마법 세계에 뛰어들었다. 거기서 다양한 버전의 비주얼 스튜디오 2015와 비주얼 스튜디오 2015 커뮤니티 에디션을 다운로드하는 방법을 알아봤다. IDE를 설치한 후에는 3인칭 템플릿을 기반으로 한 새로운 C++ 프로젝트를 생성했다. 이후 프로젝트를 확장해 캐릭터 클래스를 위한 체력과 체력 재생을 추가했다. 변수와 함수를 블루프린트로 공개하는 법과 블루프린트에서 접속하는 법도 배웠다.

프로젝트 패키징하기

이제 언리얼 엔진 4의 기본 내용을 대부분 익혔으니 게임을 패키징하는 법을 살펴보자. 게임을 패키징하기에 앞서 패키징된 게임이 시작될 때 로드될 디폴트 맵을 설정했는지 먼저 확인해야 한다. Project Settings 윈도우에서 Game Default Map 옵션을 설정할 수 있다. 예를 들어 Game Default Map 옵션을 메인 메뉴 맵으로 설정할 수 있다.

게임의 디폴트 맵을 설정하려면 다음 단계를 수행한다.

1. Edit 메뉴를 클릭한다.

2. Project Settings를 클릭한다.

3. Maps & Modes를 선택한다.

4. Game Default Map에서 새 맵을 선택한다.

빠른 패키징

Game Default Map 옵션을 설정했다면 빌드 설정^{Build Configuration}을 선택해야 한다.

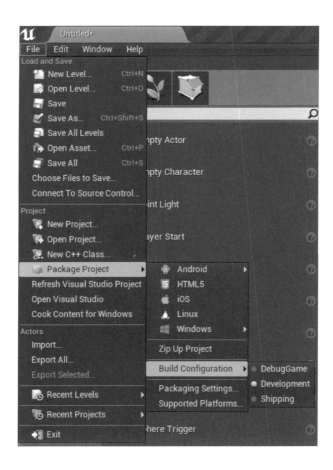

프로젝트를 패키징할 때 가능한 빌드 설정은 세 가지로 구분된다.

- DebugGame: 이 설정은 모든 디버그 정보를 포함시킬 것이다. 테스트 목적이라면 이 설정을 사용하자.
- Development: 이 설정은 최소한의 디버깅 지원만을 제공하기 때문에 DebugGame보다 더 나은 퍼포먼스를 제공한다.
- Shipping: 이것은 게임을 출시하고 싶을 때 선택해야 하는 설정이다.

빌드 설정을 선택했다면 File ➤ Package Project에서 게임을 패키징할 수 있다. 그다음에는 플랫폼을 선택한다. 예를 들어 다음은 윈도우 64비트로 게임을 패키징하는 옵션이다.

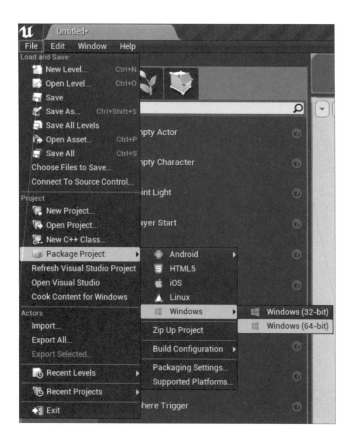

옵션을 선택했다면 에디터는 패키지된 게임을 저장할 디렉터리를 선택하는 창을 띄울 수도 있다. 경로를 설정했다면 에디터는 선택한 플랫폼에 맞춰 콘텐츠의 쿠킹과 빌드를 시작할 것이다. 패키징이 성공적으로 완료됐다면 이전에 설정한 디렉터리에서 패키지된 게임을 볼 수 있다.

출시 버전 패키징하기

앞서 언급한 작업은 빠른 패키징이며 최종 사용자를 위한 게임 출시다. 그러나 이전 작업은 게임용 DLC나 패치를 빌드할 수 없으므로 이 절에서는 게임을 위한 출시 버전을 만드는 법을 살펴본다.

시작하려면 우선 프로젝트 런처Project Launcher 윈도우를 연다. 프로젝트 런처는 게임을 패키지하기 위한 추가적인 워크플로우를 제공한다.

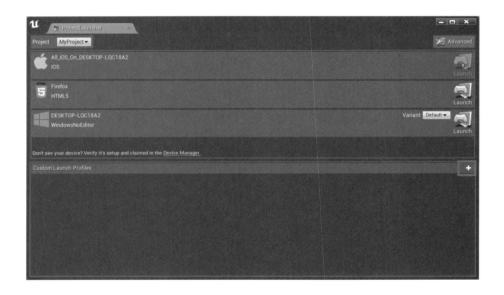

커스텀 런치 프로파일을 만들려면 위 스크린샷에서 보이는 더하기(+) 버튼을 누른다. 버튼을 누르면 다음과 같이 새로운 세팅을 가진 새 윈도우를 볼 수 있다.

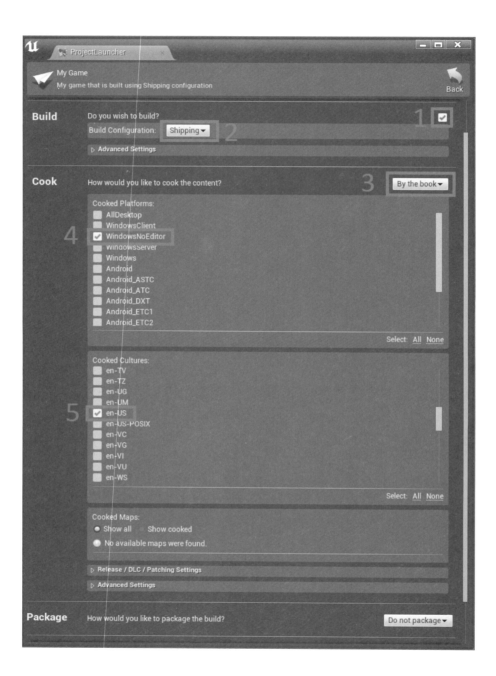

이전 윈도우에서 다음 과정을 따라 한다.

1. Build 체크박스를 활성화한다.

2. Build Configuration 옵션을 Shipping으로 설정한다.

3. dropdown을 By the book으로 설정한다.

4. 이 예제에서는 윈도우에서 테스트하기 위해 WindowsNoEditor를 선택한다.

5. 지역을 선택한다. 이것은 현지화를 위해 사용된다. 기본적으로 en-US가 선택
   된다.

모든 세팅이 완료됐다면 Release/DLC/Patching Settings와 Advanced Settings 설정
섹션을 확장한다.

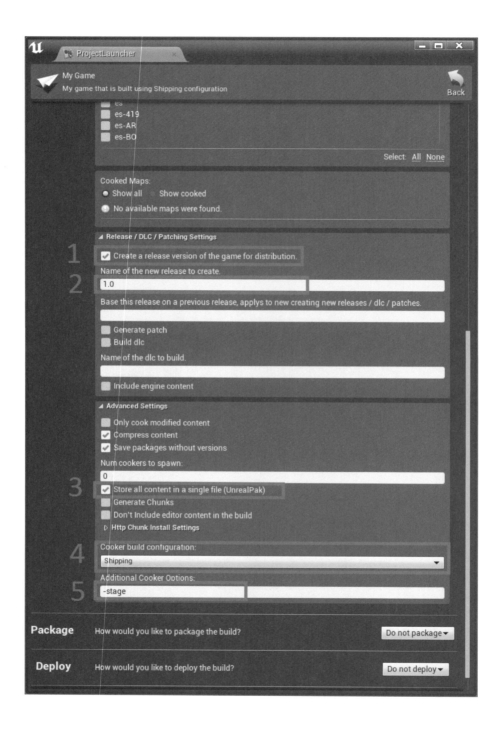

이 섹션 내에서는 다음을 수행한다.

1. Create a release version of the game for distribution을 활성화한다.

2. 새 출시 버전의 이름을 1.0으로 정한다.

3. Store all content in a single file (UnrealPak)을 활성화한다.

4. Cooker build configuration 섹션을 Shipping으로 설정한다.

5. Additional Cooker 옵션처럼 스테이지 커맨드라인을 추가한다. 입력한 후에 엔터 키를 누르면 안 된다. 아무 곳이나 눌러 커맨드를 적용한다.

위와 같이 세팅한 후에는 Package와 Deploy의 두 옵션을 각각 Do not package, Do not deploy로 설정한다.

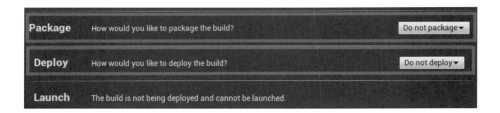

모두 완료된 경우, 프로젝트 런처 윈도우의 오른쪽 상단 구석에 있는 Back 버튼을 누르면 새로운 프로파일이 빌드 준비를 마친 것을 볼 수 있다.

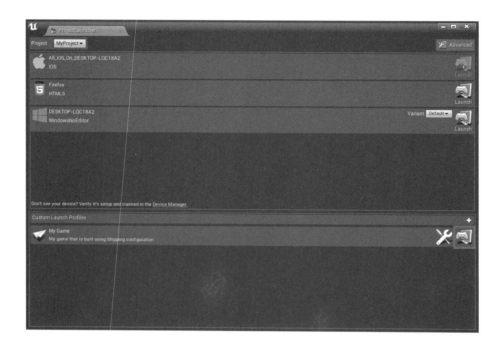

Launch 버튼을 누르면 ProjectLauncher가 게임을 빌드하고, 쿠킹하고, 패키징할 것이다. 게임의 복잡도에 따라 소요되는 시간은 달라진다.

패키징이 성공적이었다면 ProjectLauncher 창에서 볼 수 있다.

Saved > StagedBuilds > WindowsNoEditor 폴더 아래의 프로젝트 폴더에서 패키징
된 게임을 찾을 수 있다. 이제 다른 사용자에게 패키징된 게임을 배포할 수 있다.

요약

이 책을 통해 언리얼 엔진 4의 기본을 익혔다. 엔진을 다운로드하는 방법과 애셋을 임포트하는 방법부터 이 여정이 시작됐다. 거기서 머티리얼 에디터와 에디터의 일반적인 모습을 살펴봤다. 그다음에는 포스트 프로세스 및 라이트의 사용 방법과 비디오 게임에서 라이트의 중요성을 배웠다. 언리얼 엔진 4의 비주얼 스크립팅 언어인 블루프린트도 배웠다. 그리고 블루프린트에서 게임의 어떤 메뉴라도 만들 수 있는 UMG로 여정을 이어갔다. 게임에서 비주얼 이펙트와 컷신은 빠질 수 없으므로 캐스케이드 파티클 에디터와 마티네도 살펴봤다. 이후 C++의 세계로 뛰어들어, 이 멋진 언어의 기본을 확인했다. 마지막으로, 게임을 패키징하고 다른 사용자에게 배포하는 방법을 배웠다.

참조

언리얼 엔진 4를 배우는 여정은 여기서 끝나지 않는다. 다음 링크를 방문하면 여러분의 지식을 더욱 발전시킬 수 있다.

- 언리얼 엔진 커뮤니티: https://forums.unrealengine.com/
- 언리얼 엔진 공식 트위치 스트림: http://www.twitch.tv/unrealengine
- 언리얼 엔진 유튜브 채널: https://www.youtube.com/user/UnrealDevelopmentKit/videos
- 언리얼 엔진 AnswerHub: https://answers.unrealengine.com/index.html
- 언리얼 엔진 문서: https://docs.unrealengine.com/latest/INT/GettingStarted/index.html

찾아보기

에이콘출판의 기틀을 마련하신 故 정완재 선생님 (1935-2004)

언리얼 엔진 4 게임 개발 에센셜

언리얼 엔진 4 게임 개발 에센셜

인 쇄 | 2017년 3월 24일
발 행 | 2017년 3월 31일

지은이 | 사티쉬 PV
옮긴이 | 구 진 수

펴낸이 | 권 성 준
편집장 | 황 영 주
편 집 | 나 수 지
　　　　이 지 은
디자인 | 박 주 란

에이콘출판주식회사
서울특별시 양천구 국회대로 287 (목동 802-7) 2층 (07967)
전화 02-2653-7600, 팩스 02-2653-0433
www.acornpub.co.kr / editor@acornpub.co.kr

한국어판 ⓒ 에이콘출판주식회사, 2017, Printed in Korea.
ISBN 978-89-6077-961-7
ISBN 978-89-6077-210-6 (세트)
http://www.acornpub.co.kr/book/unreal-4-essentials

이 도서의 국립중앙도서관 출판시도서목록(CIP)은 서지정보유통지원시스템 홈페이지(http://seoji.nl.go.kr)와
국가자료공동목록시스템(http://www.nl.go.kr/kolisnet)에서 이용하실 수 있습니다.(CIP제어번호: CIP2017006821)

책값은 뒤표지에 있습니다.